Hannes Androsch · Das Ende der Bequemlichkeit

Für Claudia, Natascha und Gregor

EINE ERFOLGSSTORY, DIE SICH NICHT VON SELBST FORTSCHREIBT

Einleitung

„Krise" ist das Unwort unserer Tage. Wir begegnen ihm seit Jahren an allen Ecken und Enden in unermesslich vielen Variationen: zuerst als in den USA beginnende Immobilienkrise ab 2007, die eine weltweite Finanz- und Wirtschaftskrise zur Folge hatte und in vielen Fällen eine schon seit Längerem schwelende Staatsschuldenkrise erst so richtig zum Vorschein brachte; dann als Krise Europas, das um neue Regeln für seine Währungsunion kämpft und deshalb neue Institutionen braucht; zwischendurch als Bankenkrise, Griechenland-Krise, Zypern-Krise ...

Das inflationär gebrauchte Wort verschleiert mehr, als es erhellt. Kausalitäten werden ausgeblendet, Gewichtungen fallen unter den Tisch, die Einordnung von aktuellen Problemlagen in historische Zusammenhänge geht verloren. So ist es kein Wunder, dass die Krisenschlagzeilen der letzten Jahre auch den Blick auf etwas verstellt haben, was jüngeren Österreichern meist erst bewusst wird, wenn sie die Geschichtsbücher studieren: die beinahe unglaubliche Erfolgsgeschichte Österreichs nach 1945, der Aufstieg von einem Armenhaus zu einem der wohlhabendsten Länder der Welt.

Wer am Ende des Zweiten Weltkriegs durch Wien streifte, sah eine Stadt in Trümmern, hungernde Menschen, verzweifelte Gesichter, aber auch Hand anlegende Trümmerfrauen. Trotz der vielen Opfer des Krieges, seiner gewaltigen Zerstörungen und der Belastungen durch die folgende zehnjährige Besatzung steht Österreich heute als ein Land da, das in vielen Wirtschaftsvergleichen hervorragende Weltpositionen einnimmt. Beim Wohlstand sind wir weltweit die Nummer elf, in Europa sogar die Nummer drei. Die Verteilung dieses Wohlstands ist, nimmt man den Gini-Index als Maßstab, eine der ausgeglichensten. Wien ist unter den Millionenstädten weltweit eine mit der höchsten Lebensqualität geworden.

Nach einem Knick in Folge der Wirtschaftskrise haben die Exporte im Jahr 2012 mit 123,5 Milliarden Euro bereits wieder einen historischen Spitzenwert erreicht. Seit 2002 erzielt das Land durchgängig Leistungsbilanzüberschüsse, in Summe über 70 Milliarden Euro. Im Vergleich mit anderen starken Volkswirtschaften des Kontinents konnten wir uns in den letzten Jahren überdurchschnittlich gut behaupten: Selbst die Niederländer erwarten 2013 das dritte Mal seit 2009 eine Schrumpfung ihrer Wirtschaft. In Österreich war das Bruttoinlandsprodukt bisher nur im Jahr 2009 rückläufig. Was sind die Gründe für diesen erstaunlichen Aufstieg und für diese Robustheit?

Im Gegensatz zur prekären Lage in der Ersten Republik, einem „Staat, den keiner wollte" und der den Schock des Zerfalls der Donaumonarchie nie überwand, bestand nach 1945 der unbedingte Glaube an die Überlebensfähigkeit des Landes. Eine große Anzahl österreichischer Politiker aus allen politischen Lagern hatte sich während der nationalsozialistischen Herrschaft in den Konzentrationslagern wiedergefunden – in Dachau oder anderen Schreckensorten etwa die spätere Führungsgarnitur der Zweiten Republik: Leopold Figl, Alfons Gorbach, Fritz Bock, Franz Olah, Rosa Jochmann, Karl Seitz und viele andere. Der Bürgerkrieg 1934, die Erfahrungen unter dem austrofaschistischen Regime, der Nationalsozialismus und der Zweite Weltkrieg hatten einen Gesinnungswandel bewirkt, Grundstein für eine neue Identitätsstiftung. Niemals vergessen werden darf dabei, dass viele, vor allem jüdische Mitbürger, nach dem Anschluss ermordet worden sind oder fliehen mussten. Eine große Zahl der Überlebenden ist zum Glück nach dem Krieg wieder zurückgekehrt. Wirtschaftlich erwies sich das von US-Außenminister George C. Marshall in seiner berühmten Harvard-Rede am 5. Juni 1947 initiierte „European Recovery Program" (ERP), ein gigantisches Hilfe-zur-Selbsthilfe-Projekt für den alten, darniederliegenden Kontinent, als Segen insbesondere für Österreich. Zwischen 1948 und 1952 wurden von den USA insgesamt rund 12,4 Milliarden Dollar im Rahmen des Marshallplans bereitgestellt – Österreich erhielt unter allen Empfängerstaaten die zweithöchste Summe an Hilfe pro Kopf, zeitweise in Höhe von zehn Prozent des Bruttoinlandsprodukts, davon einen hohen Anteil in Form von Zuschüssen statt rückzahlbaren Krediten. Insgesamt bekam unser Land zwischen 1945 und 1955 ausländische Hilfsgüter im Wert von über einer Milliarde Dollar. Noch heute spielt der ERP-Fonds eine hilfreiche Rolle in der Wirtschaftsförderung. Wichtiger als die ökonomische war aber wahrscheinlich die psychologische Wirkung, unterstützend kam noch der Konjunkturaufschwung als Folge des Korea-Kriegs dazu.

Außenpolitisch bewirkte der Plan in der heiklen Zeit, als der Eiserne Vorhang fiel, eine Neuorientierung: Die Zweite Republik vollzog mit der Integration in das westliche Wirtschaftssystem eine außen- und wirtschaftspolitische Neuorientierung, weg von Österreichs traditionellen Einflussräumen in Ost- und Südosteuropa, hin zu einer allgemeinen Westorientierung.

Dass die Weichenstellung auch in die andere Richtung hätte führen können, ist den wenigsten bewusst: Weil die USA amerikanische Kontrolleure für die Verteilung der Hilfsgüter und der ERP-Kredite installieren wollten, lehnten die Sowjetunion und ihre Satellitenstaaten die Marshallhilfe ab – und dieses Veto sollte auch für die sowjetischen Besatzungszonen in Österreich, also ganz Ostösterreich, vermutlich auch Wien, gelten. Doch dann, so schreibt Hugo Portisch in seinem lesenswerten Europa-Buch *Was jetzt*, stimmte der US-Kongress einer einmaligen Ausnahme innerhalb des ERP-Gesetzes zu – nur in der Sowjetzone Österreichs sollte es österreichische statt amerikanische Kontrolleure geben dürfen. Damit war auch das Veto der Sowjets hinfällig, ganz Österreich konnte nun am Marshallplan partizipieren. Eine Zerreißprobe blieb der jungen Zweiten Republik erspart.

Zur Hilfe von außen gesellte sich ein durchdachter innerer Integrationsprozess. Die Große Koalition, die nach dem Regierungsaustritt der Kommunisten 1947 das Land regierte, und die später folgende Einrichtung der Sozialpartnerschaft gewannen von Jahr zu Jahr an Trittsicherheit. Erstmals zum Tragen kam das sozialpartnerschaftliche Konzept in den fünf Preis-Lohn-Abkommen von 1947 bis 1951. In der vom Krieg zerstörten und durch Demontagen beraubten österreichischen Wirtschaft galt es damals, die unabdingbar notwendigen Investitionen zu sichern – darin bestand sozialpartnerschaftlicher Konsens. Die Lohnentwicklung sollte unter der Produktivitätssteigerung liegen, um die Investitionstätigkeit und damit das Wirtschaftswachstum anzuregen. Die Währungsreform 1947 unterstützte diese Beschlüsse: Um inflationäre Tendenzen zu bekämpfen, wurde die Geldmenge, über welche die Haushalte aus kriegswirtschaftlichen Gründen reichlich verfügte, größtenteils eingezogen. Eine große Hilfe war auch der 1953 Österreich gewährte beträchtliche Schuldennachlass.

Selbst die im Oktober 1950 nicht nur von kommunistischer Seite inszenierten Unruhen als Reaktion auf das vierte Preis-Lohn-Abkommen konnten an diesem Konsens nichts ändern. Österreich behauptete sich als pluralistische, neutrale und rechtsstaatliche Demokratie; es hat sich nach 1945 wiedergefunden in seinen Ländern, Parteien und Interessenverbänden – bei gleichzeitig weitgehendem Verzicht auf seine visionäre Sendung und auf die mitteleuropäische Idee eines geistigen, größeren Österreich, wie sie schon Anfang des 20. Jahrhunderts kursiert war. Diese Idee flammte erst im Zuge der engagierten Expansion der österreichischen Wirtschaft in die ehemaligen Kronländer nach der Ostöffnung 1989 in Ansätzen wieder auf.

Mitte der siebziger Jahre gelang mit der Etablierung der Hartwährungspolitik ein weiterer Schritt, der die Wettbewerbsfähigkeit Österreichs entscheidend verbesserte. Ohne das Festhalten an einem harten Schilling hätte Österreich womöglich niemals vergleichbare moderne Industrienationen wirtschaftlich überflügeln können. In den Neunzigern und den Nullerjahren wurde das Land, das in Monarchiezeiten noch zu den Nachzüglern in der Industrialisierung und im Welthandel gehört und kontinuierlich an Bedeutung verloren hatte, so zu einem – gemessen am Beitrag des Außenhandels zum Bruttoinlandsprodukt – der führenden Exportländer.

Doch das Blatt hat sich in den letzten Jahren gewendet. Ablesbar ist das am Abrutschen in zahlreichen internationalen Standortvergleichen. So ist Österreich in der aktuellen Ausgabe des wichtigsten EU-Innovationsrankings auf den neunten Platz abgerutscht, 2009 hatten wir noch Platz sechs inne. Im Global Innovation Index sind wir zuletzt auf Platz 23 gelandet – nach Rang 15 im Jahr 2009. Im *World Competitiveness Report* des Schweizer International Institute for Management Development (IMD) rangiert Österreich ebenfalls auf Platz 23, womit unser Land innerhalb von fünf Jahren um zwölf Plätze nach hinten gefallen ist. Im Kapitel „Regierungseffizienz" dieses Standortvergleichs hat sich unsere Position im letzten Jahrzehnt dramatisch verschlechtert. Was die Gefahr betrifft, dass Forschungs- und Entwicklungszentren abwandern könnten, wird Österreich von IMD besonders kritisch eingeschätzt. Bei aller angebrachten Skepsis gegenüber Rankings aller Art: Diese Zahlen müssen uns alarmieren.

Schon in den Siebzigern wurden die ersten Schattenseiten der Erfolgsstory sichtbar. Der Wohlfahrtsstaat, eine der größten Errungenschaften des 20. Jahrhunderts, war zu geräumig geworden, seine Treffsicherheit verschlechterte sich zusehends. Die „Hackler-Regelung" im Pensionsrecht ist ein besonders illustres Beispiel dafür: Sie galt praktisch nie für jene Berufsgruppen, deren Erwerbsarbeit tatsächlich schweren körperlichen Einsatz fordert, sondern ist zu einem Beamtenprivileg geworden. Unsere Subventionsquote ist mit 5,4 Prozent doppelt so hoch wie im EU-Durchschnitt, mit 34 Prozent haben wir die höchste Transferquote weltweit. Vieles, was in den letzten Jahrzehnten zur angenehmen Selbstverständlichkeit geworden ist, muss deshalb gründlich hinterfragt werden: Eine ewige Leibrente kann es nicht geben.

Im Jahr 1956, als das Allgemeine Sozialversicherungsgesetz (ASVG) in Kraft trat, betrug die Sozialquote – das sind alle Sozialausgaben im Verhältnis zur jährlichen Wirtschaftsleistung – 16 Prozent. 1970 lag dieser Wert bei 21 Prozent, 1990 bei 26 Prozent und 2010 bei über 30 Prozent. Umso unverständlicher ist, dass in unserem Land noch immer Armut zu beklagen ist – das lässt nur die Schlussfolgerung zu, dass unser Sozialsystem vielfach ineffizient ist und oft die wirklich Bedürftigen nicht oder nur ungenügend erfasst, sich aber zugleich gegenüber Missbrauch offensichtlich als allzu kulant erweist.

Besonders ins Auge stechen die exorbitant gestiegenen Kosten für alle möglichen Formen von Frühpensionierungen. Vor 30 Jahren hatten wir 50.000 Frühpensionisten in Österreich, jetzt sind es 650.000 – unsere gern gefeierten niedrigen Arbeitslosigkeitszahlen sehen unter diesem Aspekt deutlich weniger feierlich aus. Die Lebenserwartung ist seit Einführung des ASVG um 20 Jahre gestiegen, aber das effektive Pensionsantrittsalter ist von 61 Jahren Mitte der siebziger Jahre auf 58 Jahre zurückgegangen. Mit freiem Auge ist erkennbar, dass sich da eine Lücke auftut, die nicht finanzierbar ist. Die junge Generation, deren Geburtenanzahl von 135.000 Mitte der sechziger Jahre auf 78.000 zurückgegangen ist, wird diese Aufgabe nicht bewältigen können, wenn das System nicht grundlegend umgebaut wird.

Nicht nur national kommen wir mit dem Wohlfahrtsstaat an die Grenzen bzw. haben sie schon überschritten: In der EU werden 25 Prozent der Weltwirtschaftsleistung generiert, aber 50 Prozent der Sozialausgaben von knapp über sieben Prozent der Weltbevölkerung konsumiert. Das wirft nicht nur ein gewaltiges Problem im weltweiten Wettbewerb der Systeme auf, für das die Politiker noch keine Lösung haben. Es schafft auch gewaltige Ungleichheiten zwischen riesigen Bevölkerungsgruppen innerhalb Europas: u. a. zwischen den Beschäftigten im öffentlichen Bereich und dem Bereich, der im Wettbewerb steht; zwischen der Generation, die einen immer größeren Teil der Sozialausgaben auf Pump konsumiert, und jener Generation, die den Großteil der Schulden abbauen muss. Generationengerechtigkeit sieht aber anders aus, ein Vertrag zwischen den Generationen muss anders gestaltet werden. Diese Missverhältnisse müssen repariert werden, auch um den sozialen Frieden in Europa zu wahren. Die gewalttätigen Proteste von Griechenland über Spanien, Portugal und Frankreich bis Schweden müssten Ansporn genug sein, alles zu tun, damit wir nicht auch von ihnen erfasst werden.

Wenn wir vom erreichten Wohlstand sprechen, sollten wir uns noch einmal die Fakten in Erinnerung rufen: Die Wochenarbeitszeit verringerte sich in Österreich nach dem

Zweiten Weltkrieg von 48 auf 38 Stunden, der Mindesturlaub erhöhte sich von zwei auf fünf Wochen. 1955 gab es 150.000 PKWs, 500.000 Festnetzanschlüsse – davon 100.000 Viertelanschlüsse – und durchschnittlich 105 Euro auf dem Sparbuch eines jeden Österreichers. Heute beträgt der Fahrzeugbestand 4,6 Millionen Stück. Statistisch gesehen besitzt jeder Österreicher zumindest ein Mobiltelefon. Jeder Bewohner des Landes, vom Kleinkind bis zum Greis, verfügt im Durchschnitt über 19.000 Euro Sparguthaben.

Nicht vergessen sollten wir vor allem, dass das einmal Erreichte keine Ansprüche für die Zukunft begründen kann: Die eindrucksvollen Eckdaten sind das Ergebnis eines beispiellosen wirtschaftlichen Aufstiegs in den vergangenen Jahrzehnten. Garantien für die kommenden Jahrzehnte sind in ihnen nicht enthalten. Die Zukunft muss stets aufs Neue erarbeitet werden.

Das gilt auch für einen zweiten Bereich, dem neben der dringenden Reparatur des Wohlfahrtsstaates politisch viel zu lange viel zu wenig Aufmerksamkeit geschenkt wurde: der Bildung und Innovationsfähigkeit des Landes. Nach einem raschen Aufholprozess in den Jahren davor lässt seit 2008 die Forschungsdynamik nach, ablesbar am stagnierenden Wachstum der Ausgaben für Forschung und Entwicklung. Die Werte, die uns internationale Studien in Bezug auf diese Schlüssel-Standortfaktoren der Zukunft bescheinigen, werden ungünstiger. Die EU-Kommission wie die OECD und der Internationale Währungsfonds haben in einer unmissverständlichen und beschämenden Schelte die mangelnde Effizienz unseres Bildungssystems angeprangert.

Die Klagen aus der Wirtschaft über den zunehmenden Fachkräftemangel und das Manko, auf immer weniger ausbildungsfähige Lehrlinge zurückgreifen zu können, spiegeln diese Versäumnisse wider. Gleiches gilt für die Universitäten und vor allem naturwissenschaftlich-technischen Fächer. Daher ist die Reform unseres gesamten Bildungsbogens überfällig: vom Kindergarten über die Schulen und die berufliche Ausbildung bis hin zu den Universitäten und der Erwachsenenbildung. Die Gesellschaft, die Wirtschaft, das Arbeitsleben haben sich in derart hohem Tempo verändert, dass das Festhalten an alten Strukturen und Inhalten ein Verrat an der Zukunftsfähigkeit ist.

Wissen gilt als Rohstoff der Zukunft – diese Formel wird zur Floskel, wenn man die Schätze nicht hebt. Keine Gesellschaft kann es sich leisten, die Talente ihrer Kinder nicht zu fördern und zu nutzen. Bildung kommt überdies nicht nur für das berufliche Fortkommen, sondern auch für die Gestaltung eines selbstbestimmten, erfüllten Lebens immer größere Bedeutung zu. Eine Bildungsreform muss deshalb auf die Durchsetzung der größten Chancengleichheit bei gleichzeitiger Sicherstellung der sozialen Durchlässigkeit ausgerichtet werden. Ohne Chancengleichheit keine Verteilungsgerechtigkeit, ohne leistungsfähiges Bildungssystem keine entsprechende Wirtschaftsleistung. Eine solche erfordert aber auch eine entsprechende Leistungsgerechtigkeit, und diese eine angemessene Leistungsarchitektur.

Eine dynamische Innovationskultur – eine entscheidende Voraussetzung, um die Wettbewerbskraft im globalen Wettbewerb auszubauen – kann nur im Zusammenspiel aller Bildungsinstitutionen entstehen. Mit unterfinanzierten Universitäten und einer Forschungslandschaft, die Braindrain begünstigt, wird das nicht zu bewerkstelligen sein. Den Ausweg aus diesem Dilemma kann nur eine Politik schaffen, die im Bereich des Sozialstaats und der öffentlichen Verwaltung auf Einsparungen setzt – vor allem durch höhere Effizienz –, zugleich aber in Bildung, Forschung, Wissenschaft investiert, Innovationen begünstigt und damit Wachstum fördert.

Zur großen Bedrohung unseres Wohlstands zählt auch die Schieflage unserer öffentlichen Haushalte. Es ist ein weit verbreiteter Irrglaube, dass die Staatsschulden erst seit dem Fall der Investmentbank Lehman Brothers am 15. September 2008 bzw. dem Beinahe-Zusammenbruch der Versicherungsgruppe AIG und den daraufhin nötigen Bankenhilfs- sowie Konjunkturstützungspaketen entstanden sind. Die Wahrheit ist: Nach diesen schockartigen Ereignissen hat sich lediglich die Bereitschaft der Geldgeber geändert, die Schulden zu refinanzieren. Die Staatsschulden, aber auch die Schulden der privaten Haushalte waren oft schon davor zu hoch gewesen oder wurden für den falschen Zweck verwendet – nur war es breiter Konsens unter den Investoren gewesen, dass diese Schulden als sicher gelten. Dieses Vertrauen ist in den Jahren ab 2008 nachhaltig erschüttert worden. Eine Griechenlandhilfe zur rechten Zeit hätte eine Ausweitung dieser Vertrauenskrise im Übrigen verhindert.

Am Beispiel Österreichs lässt sich die Entwicklung belegen: Zwischen 1980 und 1995 stiegen die Staatsschulden von 76 Milliarden auf 119 Milliarden Euro an, das entspricht einem relativen Anstieg von 56 Prozent des Bruttoinlandsprodukts auf 68 Prozent. Im Jahrzehnt darauf kam es zu einer leichten Absenkung, die teuer erkauft war: durch Ausgliederungen, Einmaleffekte, Verscherbelung von Staatseigentum und einer Rekordabgabenquote von über 44 Prozent. Darin sind die ausgelagerten Schulden – so genannte Schattenschulden – noch nicht einmal enthalten. Erst 2009 überstieg der Gesamtschuldenstand mit 69 Prozent des BIP wieder die Marke von Mitte der neunziger Jahre. 2012 wurde offiziell ein Höchststand von 75 Prozent erreicht: in absoluten Zahlen 231 Milliarden Euro. Die tatsächlichen Staatsschulden sind als Folge der Ausgliederung von Schulden, „Creative Accounting" bzw. mangelnder Transparenz deutlich höher.

Zum Vergleich: Schweden hat es durch konsequente Strukturreformen ab Mitte der neunziger Jahre geschafft, diesen Wert auf unter 40 Prozent zu drücken und damit Luft für Zukunftsinvestitionen zu schaffen. Die Schweiz liegt aktuell bei 47 Prozent. Beide Länder haben sich im angesprochenen IMD-Standortvergleich soeben auf die Ränge vier und zwei hochgearbeitet. Wir sollten uns diese europäischen Champions zum Vorbild nehmen, um das Staatsgeld weniger für Zinsen und mehr für Innovation ausgeben zu können.

Ganze Politikbereiche, die in den nächsten Jahrzehnten von entscheidender Bedeutung sein werden, scheinen seit geraumer Zeit wie gelähmt, etwa die Energiepolitik. Unser Land ist längst von einem Strom-Exporteur zu einem Strom-Importeur geworden – mit einem rund zehnprozentigen Anteil an Atomstrom. Durch den zögerlichen Ausbau der Wasserkraft als umweltfreundlichster und ständig erneuerbarer Energiequelle ist viel wertvolle Zeit verstrichen. Weil ein

Drittel der ausbaufähigen Wasserkraftkapazität ungenutzt bleibt, müssen wir 85 Prozent unseres Erdöl- und Erdgasverbrauches entsprechend teuer importieren. Dieser hohe Anteil an fossilen Energieträgern bedingt eine an sich unnötige Steigerung der Umweltbelastung. In Kombination mit dem steigenden Energieverbrauch, der pro Kopf deutlich höher als jener der Schweiz ist, ist es deshalb wenig verwunderlich, dass wir beträchtlich den im Wesentlichen selbstgewählten Kyoto-Zielen hinterherhinken. Geradezu absurd ist, dass wir im Vergleich zu unseren acht Nachbarländern den niedrigsten Treibstoffpreis haben, aber die ohnehin exorbitant hohe und fehlanreizende Pendlerpauschale kürzlich um weitere 120 Millionen Euro erhöht haben – eine Förderung, die vor allem dem Mittelstand im Speckgürtel rund um Wien zugutekommt.

Es ist klar, dass das fossile Zeitalter angesichts von „Peak Oil" allmählich zu Ende gehen wird. Der Schweizer Historiker Daniele Ganser beschreibt in seinem Buch *Europa im Erdölrausch* die Entwicklung zutreffend: Noch im Jänner 1999 hat das Fass Erdöl der Sorte Brent zehn Dollar gekostet, derzeit sind wir bei über 90 Dollar, waren aber schon bei 150 Dollar. Von einem „dritten Ölpreis-Schock" sprach deshalb schon vor fünf Jahren Nobuo Tanaka, der Direktor der Internationalen Energieagentur (IEA) – ein Schock, der, anders als die beiden ersten in den siebziger Jahren, nicht schnell abklingen wird.

Inzwischen haben sich, vor allem in den USA, die Energieverhältnisse durch das Schiefergas-Fracking wesentlich verändert, und damit auch die Standortbedingungen bzw. die geopolitischen Gegebenheiten. Umso wichtiger ist eine Energiepolitik, die weder alarmistisch noch populistisch ist: Die „Energiewende" in Deutschland, verbunden mit dem Beschluss zum Ausstieg aus der Kernkraft, war induziert durch einen Tsunami, der ein Atomkraftwerk am anderen Ende der Welt – im japanischen Fukushima – lahmgelegt hat. Diesen Populismus hat es in den letzten Jahrzehnten auch in Österreich gegeben: von Hainburg bis zum Dorfertal, vom Kaunertal bis zu den Widerständen gegen eine 380-kV-Leitung in Salzburg.

Ganser setzt seine Hoffnungen in einen immer weiteren Ausbau der erneuerbaren Energien: Sonne, Wind, Wasser, Erdwärme und Biomasse. Hier gilt es jedoch sorgfältig zu differenzieren: Schwerpunktmäßig ist der geographische Norden für die Windkraft und der Süden für die Sonnenkraft prädestiniert. In der Mitte ist die Wasserkraft am effizientesten.

Österreich lehnt zwar die Atomkraft ab, aber verhindert auch den Ausbau der umweltfreundlichen Wasserkraft bzw. versäumt es, die Energieeffizienz zu verbessern. Die Konsequenz dieser Ablehnung sind hohe Umweltbelastungen, die den „ökologischen Fußabdruck" zusehends verschlechtern – ganz abgesehen von der ökonomischen Konsequenz, dass wir immer mehr Energie teuer importieren müssen. Mit dem Bau neuer Wasserkraftprojekte, deren Planung ja bereits fix und fertig vorliegt, könnte in der jetzigen Krisensituation darüber hinaus ein wichtiger Beitrag zur Stützung der Konjunktur geleistet werden, da die heimische Wirtschaft von den Investitionen erheblich profitieren könnte.

In praktisch allen Lebensbereichen ist der ständige Wandel, der schmerzhafte Verlust von alten Gewiss- und Sicherheiten, zum Charakteristikum geworden. Die Folgen des prognostizierten Klimawandels sind ebenso unabschätzbar wie jene der digitalen Revolution. Für viele Menschen sind solche Umwälzungen mit dem Verlust ihrer Lebensgrundlagen verbunden. Die Politik hat die humanistische Verantwortung, die Gesellschaft auf diesen Wandel vorzubereiten und negative Konsequenzen abzufedern – zugleich aber die Wettbewerbsfähigkeit für die Zukunft sicherzustellen. Deshalb braucht unser Land eine „Agenda 2025", um systematisch Antworten auf die großen Fragen der kommenden Jahre zu entwickeln.

Warum die Politik sich dabei so schwertut, ja ratlos ist, darum soll es unter anderem in diesem Buch gehen. Über die Jahrhunderte ist in unserem Land eine weit verbreitete und tief sitzende „Es wird scho werd'n"- und Untertanenmentalität entstanden. Durch katholisch-monarchische Traditionen und einen verdrängten Liberalismus sind die Österreicher wenig geneigt, Reformen einzufordern – und schon gar nicht, darüber öffentlich polarisierende Debatten zu führen. Aus der Erfahrung mit missglückten Revolutionen wurde der kollektive Schluss gezogen, dass es besser ist, sich nicht zu viel zu bewegen und lieber darauf zu hoffen, dass „von oben" zwischendurch auch immer wieder etwas Gutes kommt.

Festgehalten hat man dagegen stets an dem, was Kontinuität und Sicherheit versprach; die Begeisterung fürs Barocke und die Anbetung des Landesfürstentums sind Ausdruck dieser Grundkonservativität. Die ständige Veränderung des territorialen Staatsgebildes, wie wir sie im zweiten Abschnitt beschreiben werden, hat unterm Strich wenig Selbstwert entstehen lassen: Gegenüber kleineren Nachbarn pflegen wir ein Überlegenheitsgefühl, gegenüber den großen einen Minderwertigkeitskomplex.

Solche Jahrhunderte zurückreichende Grundmuster des Landes und seiner Bewohner sind natürlich nicht schicksalhaft zu verstehen. Mentalitäten sind nicht unabänderlich. Und die Geschichte bestimmt nicht deterministisch über das Hier und Jetzt. Es gab und gibt immer wieder ein Aufflackern jenes Geistes, der von Selbstbewusstsein, Entschlossenheit und dem Mut geprägt war, in der Welt aktiv Zeichen zu setzen. Der Fleiß und die Kreativität unseres Volkes sind eine gute Grundlage, um auch kreativ mit so mancher Bürde aus der Vergangenheit umzugehen. Wie prinzipiell das Setting gelungener Reformen am Beispiel anderer Länder aussehen kann, wird gleich im ersten Abschnitt umrissen.

Im November 2012 erschien im renommierten US-Magazin *Foreign Policy* ein Artikel mit dem Titel *The Austrian Miracle*. Darin wurden die niedrige Arbeitslosigkeit, der wettbewerbsfähige Produktionssektor und die hohen Durchschnitts-Haushaltseinkommen des Alpenlandes inmitten der europäischen Krise gerühmt. Man sollte sich diesen Blick von außen auf die Erfolgsstory Österreich in Erinnerung rufen und gleichzeitig eines bedenken: Vielfach zehren wir noch von Strukturmaßnahmen, die vor Jahrzehnten gesetzt wurden. Jene Schritte, die danach nicht mehr gesetzt wurden, müssen jetzt schnell nachgeholt werden, um im globalen Wettbewerb weiter bestehen zu können. Die in den letzten

Jahren deutlich gestiegenen Lohnstückkosten sollten Warnzeichen genug sein. In den letzten beiden Abschnitten dieses Buchs sollte klar werden, dass österreichische Themen immer auch europäische Themen sind – und europäische Themen immer österreichische. Der Problemaufriss kann deshalb nicht an den nationalen Grenzen Halt machen.

Wenn die Weltwirtschaft abkühlt und die Eurozone besonders schwächelt, was ja schon der Fall ist, dann drohen uns japanische Verhältnisse. Österreich ist bislang von der Krise zwar nicht verschont geblieben, aber weniger hart getroffen worden, weil das Land seine Reserven angegriffen bzw. auf diese – wie bei den Pensionen – vorgegriffen hat. Diese Hypothek wird in eher kurzer als langer Frist schlagend werden.

Dasselbe gilt, Europa eingeschlossen, für den Bankensektor. Den USA hingegen ist es gelungen, diesen Sektor wieder auf ein stabiles Fundament zu stellen. Im Verbund mit den Anstrengungen zur Reindustrialisierung und weitgehender Energieunabhängigkeit durch die Förderung von Schiefergas sind die USA für einen wirtschaftlichen Aufschwung besser gerüstet als Europa, dessen Finanzkrise weiter schwelt, dessen Energieversorgung auf oft teuren und unzureichenden Lösungen fußt und dessen Lissabon-Strategie – Wachstum durch Bildung, Forschung und Innovationen – nicht aufgegangen ist, auch wenn der Ansatz richtig war und ist. Allerdings sind dafür auch die entsprechenden Grundlagen und Rahmenbedingungen zu schaffen. Wer diese Zusammenhänge negiert, verbaut sich bereits die nahe Zukunft mit der drohenden Gefahr des Abgleitens in ein schwarzes Loch: in eine Depression wie in Japan.

Sicher geht es uns besser als den meisten anderen. Aber das ist keine Erbpacht, und es geht uns auch nicht so gut, um in Selbstzufriedenheit und beschönigende Selbstgefälligkeit zu verfallen. Wir müssen uns auf eine schwächere Weltwirtschaft und bei uns selbst auf ein geringeres Wachstum einstellen. Die schwächelnden öffentlichen Haushalte werden effizienter werden und beträchtliche Ausgaben streichen müssen. Das Volumen dafür beträgt, ohne die Leistungen des Sozialstaats schmerzhaft kürzen zu müssen, 20 Milliarden Euro, das sind sieben Prozent der jährlichen Wirtschaftsleistung. Damit könnten wir die Staatsschuld reduzieren und hätten Luft für Zukunftsinvestitionen.

Erzherzog Matthias spricht in Franz Grillparzers Drama *Ein Bruderzwist in Habsburg* den berühmten Satz: „Das ist der Fluch von unserem edlen Haus, auf halben Wegen und zu halber Tat mit halben Mitteln zauderhaft zu streben." Betrachtet man einige Maßnahmen der jüngeren Vergangenheit, etwa das halbherzige Rauchverbot in öffentlichen Lokalen in Österreich oder den x-mal gescheiterten Versuch, einen bundesweit einheitlichen Jugendschutz zustande zu bringen, oder die schon längst überfällige Modernisierung unseres Bildungswesens vorzunehmen, so ist man geneigt, diesen Fluch perpetuiert zu sehen.

Doch eine solche plumpe Determiniertheit gibt es nicht, sie dient allzu oft als Ausrede. Dinge können geändert werden, wenn die richtigen Kräfte am Werk sind. Es wird bis zu einem Jahrzehnt dauern, bis die Früchte, die jetzt gesät werden müssen, auch geerntet werden können: im Forschungsbereich, im Bildungsbereich, bei der Reform des Wohlfahrtsstaates, in der Energiepolitik. Und es wird, bei aller Bedeutung, die in Zukunft direktdemokratischen Instrumenten und Initiativen „von unten" auch zukommen mag, mehr denn je politische Leadership brauchen. Vergessen wir nicht: Wer vor dem Zweiten Weltkrieg geboren ist, gehört zur ersten Generation, die zwar den Krieg und seine Folgen noch erlebt hat, aber danach ohne Unterbrechung in Frieden und Wohlstand gelebt hat. Dieses unermessliche Glück sollte zugleich Aufgabe und Verpflichtung sein, auch künftigen Generationen dieses Leben zu ermöglichen. Wichtig ist, dass wir jetzt Abschied vom Reich der Träume nehmen und uns im Reich der Realitäten einrichten.

„Wenn man uns drängt, das ist nicht Brauch noch Sitte", versucht im *Bruderzwist* Erzherzog Ferdinand dem stürmischen Matthias nach seiner Rede das Tempo zu nehmen. Doch der fordert auf unmissverständliche Art ein Ende der Bequemlichkeit: „Es drängt die Zeit; wir selbst sind die Bedrängten."

REFORMEN BRAUCHEN WEITERHIN DEN ANSTOSS „VON OBEN"

„Jeder Untertan erwartet von seinem Herrn Schutz und Sicherheit", erklärte Kaiser Joseph II. im Jahr 1786: „Darum obliegt es dem Monarchen, die Rechte seiner Untertanen festzusetzen und ihre Handlungen so zu leiten, dass sie dem allgemeinen Wohle und dem der Einzelnen zum Besten gereichen." Wie kein anderer Habsburger vor und nach ihm machte sich der Sohn Maria Theresias in den zehn Jahren seiner Regentschaft mit beeindruckendem Tempo ans Werk, sein Reich „von oben" zu reformieren. Am Anfang hatte er dabei noch die Sympathien seiner Untertanen auf seiner Seite: Als er am 29. November 1780 den Thron bestieg, flogen ihm die Herzen aller Völker der Monarchie zu, ohne Rücksicht auf ihre Nationalität.

Doch der Geist der Aufklärung, wie sie dem Kaiser vorschwebte, erschloss sich nur einer relativ schmalen Schicht in Wien sowie in Böhmen und Mähren. Bahnbrechende Reformen wie die Schaffung einer zentralen, auf ein ausgebildetes Berufsbeamtentum gegründeten Verwaltung, die Einführung der allgemeinen Schulpflicht, die Errichtung allgemeiner Krankenhäuser und öffentlicher Fürsorgeeinrichtungen für Arme und Behinderte, die Erlassung von Stadtverfassungen, die Aufhebung der Klöster, die Kommunalisierung des kaiserlichen Privatbesitzes, die Verstaatlichung des kaiserlichen Privatvermögens, die Aufhebung der Zensur etc. können in einem Zeitraum von knapp zehn Jahren wohl angeordnet und durchgeführt werden. Es dauert jedoch Jahrzehnte, bis sie im allgemeinen Bewusstsein angekommen sind. Schon in den letzten Regierungsjahren Josephs II. zeichnete sich ab, dass die beharrenden Kräfte, vor allem jene der ungarischen Magnaten, seiner Idee, Österreich durch Umgestaltung der Gesellschaft zu modernisieren, erbitterten Widerstand leisten würden. Noch zu seinen Lebzeiten kursierten Schmähschriften über ihn, und nach seinem Tod ging die kleine Zahl seiner Anhänger in die innere Emigration.

Joseph II. erlebte ein typisch österreichisches Reformer-Schicksal. Während Napoleon I. meinte, Österreich sei „immer ein Jahr, eine Armee und eine Idee im Rückstand", war es den hervorragendsten Österreichern nicht selten beschieden, ihrem Land und ihrer Zeit „ein Jahr, eine Armee und eine Idee" voraus zu sein. Das heißt: Sie wurden nicht oder noch nicht verstanden, oft scheiterten sie daran. Ob Wissenschaftler, Staatsmänner oder Künstler, wie ein roter Faden ziehen sich ihre Biographien durch die österreichische Geschichte.

Wenn man das Umfeld von und die Reaktionen auf Reformen in Österreich verstehen will, muss man weit zurück zu einer der Wurzeln der österreichischen Identität gehen. Von entscheidender Bedeutung für die nachhaltige Eindämmung allzu innovativer Ideen war die Erfahrung der gewalttätigen Rekatholisierung im Zuge der Gegenreformation seit Ende des

16. Jahrhunderts. Sie diente nicht zuletzt dazu, den aufständischen und überwiegend protestantischen einheimischen Adel durch willfährige Emigranten aus Spanien, Italien, Flandern, Portugal, Irland usw. zu ersetzen. Diese sehr unösterreichische Lösung des Glaubensstreites hat, wie der große Historiker Friedrich Heer meinte, Brüche im österreichischen „Menschentum" hinterlassen. Österreich wurde im 17. Jahrhundert einheitlich katholisch, der Protestantismus ist nie wieder zu einer wirkungsmächtigen Kraft geworden.

Die Wiederherstellung der Glaubenseinheit wurde mit der Vertreibung von rund 100.000 Evangelischen bezahlt, und diese systematische Gegenreformation führte dazu, dass die Aufklärung in Österreich nur eine verschwindende Minderheit ergriff – eine privilegierte Elite, die es sich leisten konnte, verbotene Bücher zu lesen und verbotene Gespräche zu führen, ohne befürchten zu müssen, Amt und Stellung zu verlieren. So blieben trotz der kurzen Josephinischen Epoche die entscheidenden gesellschaftlichen Gruppierungen von der Aufklärung wie von der zweifachen Revolution – der politischen Französischen Revolution und der mehr industriellen britischen Revolution – unberührt und hingen noch um 1800 den Ideen nach, die um 1700 als modern galten. Die Kultursoziologin Ilsa Barea sieht in der Rekatholisierung sogar eine wesentliche Begründung, warum sich in Österreich nie ein starkes Bürgertum und nur ein kleinkariertes und neidisches Kleinbürgertum entwickelt hat.

Vor diesem Hintergrund und nach den Erfahrungen der josephinischen Reformen war es kein Wunder, dass Mitte des

19. Jahrhunderts erneut eine große historische Chance liegen gelassen wurde. Eine Initiative des von 1848 bis zu seinem Tod 1852 amtierenden Ministerpräsidenten Felix Fürst zu Schwarzenberg peilte die Errichtung eines einheitlichen mitteleuropäischen Wirtschaftsgebietes an, das 70 Millionen Menschen umfasst hätte. Der Plan von Schwarzenberg, der auf den Ideen des protestantischen, aus dem Rheinland stammenden Handels- und Finanzministers Carl Ludwig Freiherr von Bruck gründete, sah vor, dass mit dem Deutschen Bund als Zentrum eine europäische Freihandelszone unter Einschluss der heutigen Beneluxstaaten und Skandinaviens sowie der damals von Österreich beherrschten oberitalienischen Gebiete entstehen sollte. Die Initiative wurde zum Scheitern gebracht. Und als es Preußen 1862 gelang, mit Frankreich nach dem Vorbild des britisch-französischen Cobden-Vertrages ein liberales Meistbegünstigungsabkommen abzuschließen, war das für die Habsburgermonarchie eine Art „wirtschaftliches Königgrätz", wie es der Historiker Heinrich Benedikt pointiert formuliert hat. Vier Jahre vor der militärischen Niederlage wurde die wirtschaftliche besiegelt.

Auch Schwarzenberg war ein typisch österreichischer Reformer: Er war gegen Revolutionen, leitete aber dennoch eine Grundentlastung für die Bauern und eine Modernisierung des Unterrichtswesens „von oben" ein. Mit seinen Plänen eckte er sowohl bei den Liberalen als auch bei den Konservativen an – den einen war er zu konservativ, den anderen zu liberal. Am Ende hatte er auch die Gunst des machtbewussten jungen Kaisers Franz Joseph I. verspielt.

Eine Fußnote der Geschichte: Die nationalkonservative Stadtregierung von Budapest hat Schwarzenberg posthum 2011 die Ehrenbürgerschaft aberkannt. Seine Ideen werden selbst 160 Jahre nach seinem Tod noch als gefährlich eingestuft, wo der neue und dennoch rückwärtsgewandte Nationalismus am Ruder ist.

Bei allen Modernisierungsschüben, die Österreich nach Schwarzenbergs Tod erlebte, jenen kurzen in den 1870er Jahren und jenen langen in den Jahrzehnten des Wirtschaftsaufschwungs nach dem Zweiten Weltkrieg – die Skepsis gegenüber allzu eifrigen Reformern ist bestehen geblieben. Die Diskussion über neue Ideen wurde auch in der Zweiten Republik überwiegend in kleinen Zirkeln geführt, die Umsetzung war stark an die Eliten gebunden. Und manchmal brauchte es „unwahrscheinliche" Bündnisse zwischen diesen Eliten, um einen entscheidenden Schub auszulösen, etwa bei der Durchsetzung der Hartwährungspolitik – das Gegenteil von monetärem Nationalismus, wie er sich heute überall breitmacht.

Spätestens Mitte der 1970er Jahre wurden in Europa die ersten Umrisse jener Problemberge erkennbar, die auch heute noch nicht vollständig abgetragen sind: Die Finanzierbarkeit des Wohlfahrtsstaates war an ihre Grenzen gekommen, die Perspektiven der verstaatlichten Industrie erschienen ungewiss, der Rückfall in der Wettbewerbsfähigkeit des Landes wurde auch in den Zahlen der verschlechterten Leistungsbilanz sichtbar. Der erste Ölpreisschock 1973 hatte einen Wachstumsknick gebracht, verbunden mit einem Inflationsschub.

Die Folgen waren völlig aus dem Rahmen fallende Lohnrunden: Die Nettotariflöhne stiegen etwa 1975 um 19,1 Prozent, bei einem Rückgang der Wirtschaftsleistung um 0,4 Prozent. Im Jahr darauf wuchs die Wirtschaft wieder, und zwar um 4,6 Prozent, die Löhne legten aber um 10,3 Prozent zu.

In dieser Situation gelang es 1977 schließlich einer „unwahrscheinlichen" Allianz aus Gewerkschaft, allen voran Anton Benya, Nationalbank und Finanzminister durch die Einführung eines strikten Hartwährungskurses hohe Inflation zu verhindern und der Wirtschaft einen Strukturverbesserungskurs aufzuzwingen – gegen den Willen des Bundeskanzlers Bruno Kreisky und der Industriellenvereinigung.

Bevor der Schilling ab 1976 in einem festen Wechselkursverhältnis an die D-Mark als Ankerwährung angebunden wurde, wurde die österreichische Währung zwischen 1968 und 1973 jedoch erst um 13 Prozent abgewertet, ehe sie ab 1974 um neun Prozent aufgewertet wurde. Am Ende stand ein fixes Wechselkursverhältnis von eins zu sieben. Mit dieser D-Mark-Schilling-Relation sind wir schließlich 1999 auch in die Eurozone eingetreten.

Es ist heute weitgehend unbestritten, dass die Republik von den damals eingeleiteten Maßnahmen, die mit dem ebenfalls 1977 beschlossenen Maßnahmenpaket zur Bekämpfung der schlechten Leistungsbilanz und einer geänderten Lohnpolitik flankiert wurden, noch heute zehrt. Das Leistungsbilanzdefizit von 6,2 Prozent der Wirtschaftsleistung im Jahr 1977 verringerte sich innerhalb von fünf Jahren auf 1,7 Prozent. In Italien hat der konträre Weg, die Lira nach den Bedürfnissen der unter Produktivitätsschwäche leidenden Exportindustrie abzuwerten, zu den heute bekannten Problemen – nicht nur in unserem südlichen Nachbarland, sondern auch in ähnlich agierenden Ländern – mit beigetragen. Österreich hatte seine Hausaufgaben schon beim Eintritt in die Währungsunion zum größten Teil erledigt.

In der verstaatlichten Industrie hat dagegen erst der Schock der achtziger Jahre das bewirkt, was auch schon früher hätte eingeleitet werden können. Es war schlicht ignoriert worden, dass dieser Sektor, der unter dem legendären Verstaatlichten-, Verkehr- und Energieminister Karl Waldbrunner ("Königreich Waldbrunner") über viele Jahre erfolgreich gestaltet worden war, unter veränderten weltwirtschaftlichen Rahmenbedingungen so nicht mehr zu halten war. Erst unter dem späteren Verstaatlichtenminister Rudolf Streicher gelang es den Wandel herbeizuführen, der den gesunden Kern der Verstaatlichten sich in Richtung globaler Wettbewerbsfähigkeit entwickeln ließ.

Heute ist etwa die Voestalpine ein Musterbeispiel für einen österreichischen Nischenweltmeister, der auch die strukturellen Widrigkeiten der weltweiten Stahlindustrie besser als die Konkurrenz zu meistern versteht. In einigen Konzernbetrieben der früheren Creditanstalt ist dieser Wandel ebenfalls gelungen: Die Andritz AG in Graz war in den frühen achtziger Jahren praktisch pleite und hoch verschuldet, heute ist sie ein Weltunternehmen, das an der Börse glänzende Erfolge feiert. Semperit ist zwar als Reifenproduzent aus Österreich verschwunden, doch der technische Gummibereich des Unternehmens hat eine beispiellose Erfolgsgeschichte geschrieben.

Umsichtige ökonomische Reformen setzen den Rahmen dafür, dass dieser Wechsel von alten auf neue Pfade gelingen kann. Die kürzlich verstorbene ehemalige britische Premierministerin Margaret Thatcher, der wahrlich keine Führungsschwäche nachgesagt werden kann, hat etwa in Großbritannien erfolgreich die alten Industrien sterben lassen, aber sie hat sich nicht um neue gekümmert. Dass seine industrielle Substanz verschwunden ist, daran nagt das Vereinigte Königreich noch heute. Versuche einer Reindustrialisierung sind bisher nur von äußerst bescheidenem Erfolg gekrönt. Dagegen hat Vorarlberg, das kleinste Bundesland Österreichs, die Transformation erfolgreich bewältigt. Vor 40 Jahren noch überwiegend ein Textilland, sind die Hämmerles, Ganahls oder Rhombergs heute in anderen Wirtschaftsbereichen tätig. Das „Ländle" ist eine in der Elektronik, aber auch im Maschinenbau höchst erfolgreiche Industrieregion geworden. Gleiches gilt für die Obersteiermark und die Papierindustrie. Genau das hat Joseph A. Schumpeter, der große österreichische Ökonom, unter „schöpferischer Zerstörung" gemeint, die den Kapitalismus antreibt – wobei die Betonung auf dem Adjektiv liegen sollte.

Weil es oft Jahrzehnte dauert, bis die positiven Effekte wettbewerbspolitischer Reformen einer breiten Masse sichtbar werden, sind ebenso wie zu Zeiten Josephs II. auch in modernen Demokratien große Reformprojekte immer mit der Gefahr behaftet, dass sie unpopulär machen und dass andere den Lohn einheimsen.

Der Regierung Kreisky war es zwar trotz der vordergründig alles andere als populären Maßnahmen 1979 noch einmal gelungen, die Nationalratswahlen mit noch deutlicherer absoluter Mehrheit zu gewinnen – ein Jahr nach einem Maßnahmenpaket, das die Erhöhung der Mehrwertsteuer auf Luxusgüter und der Sozialversicherungsbeiträge vorsah. Doch 1983 verlor Kreisky die absolute Mehrheit, was mit Sicherheit auch auf das unbedachte und verunglückte „Mallorcapaket" zurückzuführen ist, das eine Anonymitätsabgabe für Sparzinsen vorsah.

In Schweden erntet heute die konservative Regierung unter Fredrik Reinfeldt teilweise die Früchte aus den Regierungsjahren des Sozialdemokraten Göran Persson. Dem schwedischen Ministerpräsidenten gelang es in seiner zehnjährigen Amtszeit ab 1996, in der schwedischen Gesellschaft einen breiten Konsens über die Notwendigkeit permanenter Reformen und den hohen Stellenwert von Forschung und Innovation zu erreichen. „Eine Zeit lang war ich die meistgehasste Person Schwedens", sagt Persson, der 1998 und 2002 dennoch wieder gewählt wurde. 2006 fuhr er hingegen das schlechteste Wahlergebnis der Sozialdemokraten in Schweden bisher ein – sein Land hat dennoch seither eine internationale Spitzenposition inne.

Der ehemalige deutsche Bundeskanzler Gerhard Schröder, ebenfalls ein Sozialdemokrat, wurde schon nach sieben Jahren abgestraft: Mit seinen unter „Agenda 2010" bekannt gewordenen strukturellen Reformen, etwa des Arbeitsmarkts („Hartz IV"), hatte er den Grundstein für die heutige wirtschaftliche Stärke Deutschlands gelegt. 2005 verlor er aber, der in den eigenen Reihen unter Beschuss gekommen war, erst die Vertrauensabstimmung im Bundestag und konnte nach den darauffolgenden Wahlen keine Regierungsmehrheit mehr bilden.

Das Risiko, als Reformer abgewählt zu werden, ist in demokratischen Führungsfunktionen immanent. „Mein Job als Leader ist es sicherzustellen, dass sich vor den nächsten Wahlen so viel entwickelt und eröffnet hat, dass ich die Leute wieder für meine Sache gewinnen kann", sagt Lee Kuan Yew, der erfolgreiche Staatsgründer Singapurs. Die notwendigen Maßnahmen zu setzen und ihre positive Wirkung rechtzeitig zur Entfaltung zu bringen – dieser Balanceakt gehört zum politischen Kunsthandwerk.

Insbesondere von Schweden und der Schweiz kann Österreich heute lernen, wie das Setting aussehen muss, damit große Reformwürfe überhaupt gelingen können.

De facto stand der skandinavische Staat, der heute in beinahe allen Wirtschaftsparametern glänzend dasteht, Anfang der neunziger Jahre mit dem Rücken zur Wand: Die Lohnstückkosten waren wegen zu großzügiger Lohnabschlüsse gestiegen, durch die gesunkene Wettbewerbsfähigkeit gingen Exportmärkte verloren, die Arbeitslosigkeit stieg, was sich im Budget niederschlug. Nach einer schweren Rezession 1991 und 1992 betrug das Budgetdefizit 12 Prozent und der Schuldenstand 73 Prozent des Bruttoinlandsprodukts. Praktisch alle Banken des Landes mussten verstaatlicht und restrukturiert werden. Ziel der Reformen war nicht nur eine Rückführung des Defizits und des Schuldenstands, sondern auch, es nie wieder so weit kommen zu lassen – durch strukturelle Reformen. Was Persson nach eigener Aussage am meisten schockte, war eine Präsentation vor „durchwegs 27-jährigen, männlichen Wall-Street-Vertretern" des IWF in New York – also Investmentbankern, die ihm kritische Fragen zur Höhe des Arbeitslosengeldes in Schweden, der Bildungsausgaben etc. stellten. Diese Demütigung war erst recht Antrieb, um Schweden von diesen Verstrickungen wieder frei zu spielen.

Kernstück von Perssons Reformen war die Einführung eines neuen, beitragsorientierten Pensionssystems, in dem klare Anreize dafür gesetzt werden, länger zu arbeiten. Die Ergebnisse sprechen für sich: 2010 waren nach Zahlen der europäischen Statistikbehörde Eurostat in Schweden 70 Prozent der 55- bis 65-Jährigen in Beschäftigung, in Österreich waren es 42 Prozent. Die fiskalischen Konsequenzen sind beeindruckend: Seit 2007 erzielt das skandinavische Land durchgehend Budgetüberschüsse und hat den Schuldenstand inzwischen auf 37 Prozent der Wirtschaftsleistung zurückgeschraubt. Die teils schmerzhaften Strukturreformen haben dazu beigetragen, Finanzmittel aus der Verwaltung in die Bildung und Forschung umleiten zu können. Damit hat Schweden erheblichen Spielraum für Zukunftsinvestitionen gewonnen. Eine strategische Zielsetzung, die Früchte trägt: Pro Kopf hat das Land doppelt so viele Patente angemeldet wie Österreich.

Auch unser Nachbarland Schweiz hat in vielen Bereichen vorexerziert, wie man ein kleines Land ohne nennenswerte Rohstoffbasis fit für die Zukunft machen kann. Besonders die 2003 erfolgreich in der Schweizer Verfassung installierte

– und per Volksabstimmung abgesicherte – Schuldenbremse hat dazu geführt, dass das Land nicht über seine Verhältnisse lebt. Einnahmen und Ausgaben können so über den Konjunkturzyklus hinweg im Gleichgewicht gehalten werden, das Strukturdefizit des Schweizer Budgets wurde erfolgreich beseitigt. Das – ebenso wie in Schweden – deutlich höhere Pensionsantrittsalter als in Österreich lässt Luft für Investitionen in eine ständige Verbesserung der Infrastruktur und der Universitäten.

Ein Teil des Erfolgs liegt auch im politischen System begründet: Seit über fünf Jahrzehnten wird die Schweiz von einer Konzentrationsregierung geführt, dadurch gibt es keine Bühne für egomanische Selbstdarsteller. Der Sinn für das ökonomisch Sinnvolle und Machbare dominiert die weitgehend unaufgeregte Tagespolitik. Diesen Grundkonsens stets aufs Neue herzustellen, ist eine beachtliche Leistung der eidgenössischen Politik.

Dass das heutige Österreich – Österreich in Europa – an vielen Ecken und Enden Veränderungsnotwendigkeiten hat, wird in den folgenden Kapiteln dieses Buches noch ausführlich Thema sein. Doch werden die Anstöße dazu verstärkt „von unten" kommen können? Oder braucht es weiterhin Persönlichkeiten, die es riskieren, nach getaner Arbeit als vorerst Ungeliebte und Unbeliebte abzutreten?

Seit dem Siegeszug des Internet hat die Idee der Bürgerbeteiligung neuen Schwung bekommen. Neue Politbewegungen wie die „Piraten", die in deutschen Regionalwahlen teils zweistellige Ergebnisse erzielen konnten, setzen überhaupt auf das Konzept der Internetdemokratie. Mehr direkte Demokratie und Mitbestimmung über digitale Plattformen ist einer der Leitgedanken dabei.

Auch klassische plebiszitäre Instrumente wie Volksbegehren und Volksbefragungen sind in den letzten Jahren in Österreich verstärkt zum Einsatz gebracht worden. Allein im Jahr 2013 standen zwei Volksbefragungen, eine bundesweite über die Wehrpflicht und eine in Wien zu kommunalpolitischen Themen, sowie zwei Volksbegehren zur Abstimmung bzw. Unterschrift an. Ein im Nationalrat viel diskutiertes „Demokratiepaket" soll die behauptete Kluft zwischen Bürgern und Politikern verkleinern. Die vereinbarte Zehn-Prozent-Klausel, ab der Volksbegehren Folgen haben, ist allerdings eine Augenauswischerei.

Dass direktdemokratische Instrumente mit besonderer Vorsicht angewandt werden sollten, hat die jüngere Geschichte gezeigt. Diese sind in besonderem Maß geeignet, um von Rattenfängern missbraucht zu werden. Oft stecken hinter den Fragestellungen Motive, die nichts mit der Sache zu tun haben.

So war das negative Ergebnis der Volksabstimmung über die Inbetriebnahme des fertig gebauten Atomkraftwerks Zwentendorf am 5. November 1978 weniger eine Entscheidung gegen die friedliche Nutzung der Kernkraft als vielmehr ein knapper Mehrheitsentscheid gegen Kreisky, der seinen Verbleib als Regierungschef vom positiven Ausgang abhängig gemacht hatte. Selbst der damalige ÖVP-Obmann Josef Taus war, wie spätere Aussagen seiner Mitarbeiter nahelegen, der Ansicht gewesen, dass die Kernenergie ökonomisch richtig sei – doch Taus plädierte nach Kreiskys Festlegung aus wahltaktischen Überlegungen dagegen. Für die österreichische Energiepolitik, die in den folgenden Jahrzehnten populistisch und unsystematisch war, markierte das Datum einen Wendepunkt.

Ebenfalls gegen Kreisky gerichtet war das von der ÖVP initiierte, mit 1,36 Millionen Unterschriften erfolgreichste Volksbegehren der Zweiten Republik, jenes gegen den Bau eines Konferenzzentrums in Wien 1982. Der umstrittene Bau wurde dennoch errichtet, heute ist das Austria Center Vienna ein gern und gut genutzter Ort für Konferenzen, Konzerte, Bälle oder Hauptversammlungen von Aktiengesellschaften. Wenn Direktdemokratie zu stimmungsgeladener Mobilisierung statt zu einer breiten, mit Sachargumenten geführten Debatte führt, kann sie schädlich, manchmal sogar gefährlich sein.

Auch im Vorfeld der Volksbefragung vom 20. Jänner 2013 über die Zukunft des österreichischen Bundesheeres wurde es verabsäumt, über die Grundlagen einer zeitgemäßen Sicherheitspolitik unseres Landes und den damit verbundenen Handlungsbedarf eine ernsthafte öffentliche Diskussion zu führen. Mit dem Votum für die Beibehaltung der allgemeinen Wehrpflicht wurde so weniger über die Zukunft des Heeres als vielmehr zugunsten der von den Sozialhilfe- und Blaulichtorganisationen favorisierten Aufrechterhaltung des Zivildienstes abgestimmt. Ewig werden wir aber nicht sicherheitspolitische Trittbrettfahrer bleiben können.

Dass Österreich sich rasch in Richtung einer plebiszitären Demokratie wie in der Schweiz entwickelt, ist auch angesichts der beiden bisher letzten Volksbegehren zu bezweifeln. Das

Demokratie-Volksbegehren und das Anti-Kirchenprivile-gien-Volksbegehren im April 2013 waren die beiden Begehren mit den bisher wenigsten Unterschriften überhaupt. Und das dürfte nicht allein an den Themen gelegen sein: Die Trägheit und Bequemlichkeit, verbunden mit raunzerischer Wehleidig-keit, ist leider auch in der aktiven Teilnahme an den politischen Prozessen zu sehen. Nur wenn es ein „Dagegen" gibt und eine starke parteipolitische Aktivierung dahinter steckt, das legen die bisherigen Erfahrungen nahe, zeigen direktdemokrati-sche Instrumente in Österreich Wirkung. In der Schweiz hin-gegen haben Volksbefragungen und -abstimmungen eine his-torisch lang gewachsene Tradition; jedes Referendum wird von einer informierten Öffentlichkeit „begleitet".

In Einzelfällen wie etwa der Initiative für ein Transparenz-gesetz, die jüngst über die digitalen Medien organisiert wurde, werden zwar auch verstärkt Reformen „von unten" angestoßen – von den digitalen Eliten wohlgemerkt. Aber der bloße Umstand, dass es ungleich mehr Möglichkeiten der Partizipation gibt, sagt noch nichts darüber aus, wie diese wahrgenommen werden. Insgesamt hat die Digitalisierung dazu geführt, dass die Gesellschaft zersplitterter und diffuser geworden ist und es daher politisch schwieriger ist, zielge-richtete Gemeinsamkeiten zu bündeln: Woher kommen wir, wo stehen wir, wo wollen wir hin, was müssen wir tun?

Um Antworten auf diese essenziellen Fragen zu finden, braucht es mehr denn je starke, visionäre Persönlichkeiten in der Agora, die sich gegen den Strom schwimmen trauen und entweder kein Amt zu verlieren haben oder keine Angst davor haben.

DER GLAUBE AN DEN STAAT, DIE LIEBE ZUM LANDESFÜRSTEN UND DER GESCHÜTZTE SEKTOR – VOM ERBE DER MONARCHIE

Die schlagartige Verkleinerung des Habsburgerreiches im Jahr 1918 auf jenes Staatsgebiet, das die Republik Österreich heute umfasst, war nichts anderes als eine territoriale Amputation. Sie zog Phantomschmerzen vielfältigster Ausprägung nach sich: wirtschaftliche, psychologische und verwaltungstechnische.

Ökonomisch zerriss das Ende der Monarchie, flächenmäßig damals der zweitgrößte und nach Einwohnern der drittgrößte Staat Europas, ein Gefüge, in dem sich eine gut austarierte überregionale Arbeitsteilung herausgebildet hatte. Die Kohle lag in Schlesien, die Industrie in Böhmen und Mähren, das Fleisch in Kroatien, das Getreide in Ungarn, in Triest der Zugang zum Meer und die Verwaltung im Kernland Österreich. Der mangelnde Glaube an die wirtschaftliche Überlebensfähigkeit der Ersten Republik hatte in diesem plötzlichen Zerfall seine Wurzeln. Der „Staat, den keiner wollte", wie Hellmut Andics das Österreich nach 1918 nannte, wurde nach dem Zweiten Weltkrieg jedoch zu einem „Staat, der einer sein wollte". In den „goldenen Jahrzehnten" bis Mitte der siebziger Jahre konnten die ökonomischen Probleme erfolgreich überwunden werden; die Export-Erfolgsgeschichte ab 1989 ist auch verknüpft mit einer Expansion in viele Länder der früheren Habsburgermonarchie nach dem Fall des Eisernen Vorhangs. Psychologisch sind die Nachwirkungen noch immer merkbar. Die stets gegenwärtige Suche nach „Ersatzmonarchen" sowie eine extreme Personalisierung der Politik – Vorgänge, die den Bedürfnissen unserer Mediengesellschaft natürlich entgegenkommen – können auch als ein Erbe der absolutistischen Vergangenheit gedeutet werden. Einzig der Monarch weiß, was das Volk benötigt, hatte Joseph II. formuliert: „Alles für das Volk, nichts durch das Volk." Das Verhältnis so manches Landesregenten zu seinen „Landeskindern" erinnert noch heute an diese alten Muster: bildliche Omnipräsenz und gleichsam absoluter Machtanspruch auf der einen Seite, das Hoffen auf den persönlichen Vorteil und die Bereitschaft zu Gefolgschaft auf der anderen Seite.

Der Staat wurde, anders als in „revolutionär" geprägten Nationen wie Frankreich, als Obrigkeit empfunden, von der man in die Pflicht genommen wird, deren Zugriff man zugleich freilich listig zu entkommen trachtet – aber auch als autoritäre Vaterfigur, in die man grenzenloses Vertrauen setzt und die man um Hilfe ruft, wenn es wirklich brenzlig wird.

Dazu gesellte sich noch eine allseits präsente, eng mit dem Staat verschlungene Mutterfigur: die Kirche. Die Ehe zwischen Thron und Altar ist eine weitere spezielle Hinterlassenschaft der Monarchie, die für die österreichische Identität von langlebiger Bedeutung ist. Die so genannte Pietas Austriaca, in der Barockzeit als wichtigste Tugend der Habsburgerdynastie propagiert, galt als wesentliche Stütze des Throns ihrer katholischen Majestät. Über lange Zeit bewirkte eine als Staatskirche eingebundene Ecclesia eine Ideologisierung staatlicher Macht. Der Konkordatsvertrag, den der austrofaschistische Staat 1933 mit der Kirche schloss, schrieb einen privilegierten Status der Kirche auch in säkularisierten Zeiten fest. Dass 80 Jahre später das so genannte Kirchenprivilegien-Volksbegehren, das dieses Konkordat in Frage stellte, glorios gescheitert ist, zeigt, dass die Österreicher einen Kulturkampf in Kirchenfragen nach wie vor scheuen. Ein hinreichender Ersatz für eine Institution, von der man sich Antworten auf die letzten Fragen erhofft, ist offenbar noch nicht gefunden.

Das Grundvertrauen in die Obrigkeiten Staat und Kirche erhielt im Laufe der Jahrhunderte eine eigene Prägung, denn es wurde öfter als anderswo auf die Probe gestellt. Die ständigen territorialen Veränderungen im Laufe der über tausendjährigen Geschichte Österreichs ließen bei den Landesbewohnern den Eindruck entstehen, dass das einzig Konstante die Veränderung ist: Ständig kamen neue Gebiete hinzu – und gingen auf der anderen Seite welche verloren. Der „Reduktionsschock" von 1918, wie Norbert Leser das genannt hat, war zwar der finale und größte, aber nicht der einzige Schock. Ein durch Eroberung, Heirats- und Vertragspolitik sowie Erbteilung zusammengewachsenes Länderkonglomerat, ein vielfach als Reaktion auf die Bedrohung von außen erst zu einer Einheit zusammengewachsenes Staatsgebiet, dessen Kern die heutige Republik Österreich darstellt, erwies sich oft schon im nächsten Moment als fragiles Gebilde.

In die „marcha orientalis" Karls des Großen, später oft als Ostmark übersetzt, waren ab 976 die Babenberger gekommen, die ihren Einflussbereich sukzessive ausweiteten. Dass sich die deutschen Kurfürsten 1273 auf den vermeintlich schwächsten Kandidaten für die Königskrone einigten, den Schweizer Grafen Rudolf von Habsburg, war der Startschuss für eine einzigartige dynastische Expansionsgeschichte. Fünf Jahre später, nach dem Tod König Ottokars II., begann die Herrschaft der Habsburger auch in Österreich. Aus der kleinen Mark, die ursprünglich nicht einmal die Größe des heutigen Niederösterreich hatte, wurde ein Reich, das immer weiter wuchs und doch alles wieder verlor: Vorderösterreich, die Schweizer Besitzungen der Habsburger, das Burgund, im Spanischen Erbfolgekrieg de facto Spanien. Und schließlich noch Neapel, Mailand, Venedig und Schlesien – bis 1918 nur noch das übrig blieb, was der französische Außenminister Georges Clemenceau als „l'Autriche, c'est ce qui reste" bezeichnet haben soll: Österreich als von den Siegermächten festgelegtes Rest-Territorium.

Diese wechselvolle Geschichte, in die – von den Konflikten mit Frankreich über den Spanischen Erbfolgekrieg, den Dreißigjährigen Krieg und den Auseinandersetzungen mit den Ottomanen bis hin zu den napoleonischen Kriegen und den Auseinandersetzungen mit Preußen – große Konflikte der Weltgeschichte hineinverwoben waren, prägte das ambivalente Verhältnis der Österreicher zu ihrem Staat vermutlich ebenso sehr wie die Tatsache, dass es ab 1918 mit einem Mal keinen Kaiser mehr gab.

Ambivalent war auch stets das Verhältnis zu den Staatsdienern. „Zittere, du großes Österreich, vor deinen kleinen Beamten", hatte der Schriftsteller Eduard von Bauernfeld, selbst ab 1843 fünf Jahre lang Beamter in der Lotto-Direktion in Wien, noch über Seinesgleichen gespöttelt. Nach den Erfahrungen des „Reduktionsschocks" wurde der Ruf der Beamtenschaft dann schon durchaus nostalgisch verklärt, wie den Zeilen des britischen Publizisten Edward Crankshaw aus den dreißiger Jahren zu entnehmen ist: „Es wurde so viel über österreichische Untüchtigkeit, Faulenzerei und Schlamperei gesagt und geschrieben, dass es an der Zeit ist, daran zu erinnern, dass die österreichische Bürokratie als solche die tüchtigste, menschlichste und unbestechlichste war, die man sich vorstellen kann. Praktisch waren in ihr die fähigsten Männer des Kaiserreiches beschäftigt, die selbstlos und treu ihren Dienst taten; in der Hauptsache waren es Deutschösterreicher und Deutsch sprechende Böhmen. Man hasste ihre Tüchtigkeit und Gewissenhaftigkeit, ihre Selbstlosigkeit und Dienstbeflissenheit, ihre Unparteilichkeit und ihre Fremdheit."

Fraglos ist die Leistung vieler Beamter in Österreich nach wie vor hervorragend: Fachlich exzellent, loyal und dennoch unparteiisch, oft auch unbequem, sind sie im Idealfall tatsächlich Diener ihrer Kunden, der Staatsbürger. Vor allem im 20. Jahrhundert stellten die angesprochenen permanenten Veränderungen des Staatsgebildes, die zahlreicher als in jedem anderen europäischen Land waren, die Beamten vor die Aufgabe, zugleich wandlungsfähig zu sein und die Kontinuität zu wahren: Ein um 1900 Geborener und als Staatsbeamter Tätiger hat bei normaler Lebenslänge fünf Hymnen gehört, hatte sieben Eide zu schwören, hat in fünf Währungen bezahlt, mehrfach seine Ersparnisse verloren und sechs Staatsbezeichnungen erlebt. Loyalität war unter diesen Umständen eine regelrechte Kunst.

Doch Teilen der Staatsdienerschaft bzw. ihren Interessenvertretungen legen heute eher das Sendungsbewusstsein der Hofbürokraten von anno dazumal an den Tag, statt moderne Dienstleister zu sein. Die Gewerkschaft der öffentlich Bediensteten, vor allem im Lehrerbereich, hat sich beispielsweise in den letzten Jahren als Verhinderungsblock für überfällige Reformen herausgestellt. Einige wenige aus ihren Reihen demonstrieren, an den entscheidenden Schalthebeln angekommen, eine Verhinderungsmacht nach dem Motto: „Ohne uns geht nichts – aber mit uns genauso viel."

Dabei ist klar, dass ein Reformschub in Österreich nur gelingen kann, wenn die für die Innovationsbereiche so dringend benötigten finanziellen Mittel durch Einsparungen in der Verwaltung lukriert werden können. Denn während die Staatsfläche der jungen Republik 1918 auf ein Achtel des Habsburgerreiches geschrumpft war, wurde die Bürokratie nie annähernd in diesem Maße verkleinert.

Noch heute sind die Verwaltungsstrukturen deshalb hypertroph, von Doppelgleisigkeiten und Ineffizienzen geprägt. Die Regulierungsdichte und -kosten sind höher als anderswo. In manchen Bereichen ist mit freiem Auge erkennbar, wie grotesk überdimensioniert der öffentliche Sektor ist: Beim österreichischen Bundesheer etwa verwalten 24.000 Beamte 11.000 Präsenzdiener. Der internationale Vergleich macht sicher: Finnland und Schweden geben 1,3 Prozent ihrer jährlichen Wirtschaftsleistung für Bürokratie aus, in der Schweiz sind es 1,6 und in Deutschland 3,3 Prozent. In Österreich verschlingt die öffentliche Verwaltung dagegen 4,1 Prozent des Bruttoinlandsprodukts.

Nachdenklich sollte in diesem Zusammenhang auch stimmen, dass in Österreich das Parlament längst von Beamten beziehungsweise von Beschäftigten im öffentlichen Dienst und Parteiangestellten dominiert wird. Wenn die berufliche Herkunft der Nationalratsabgeordneten die Vielzahl der Berufssparten in der Bevölkerung nur mehr sehr eingeschränkt repräsentiert, ist das ein Gefahrenherd für jedes demokratische System.

Denn die Korrektur der Schieflagen zwischen den Arbeitsverhältnissen im geschützten Bereich und jenem Sektor der Arbeitswelt, der im Wettbewerb steht, muss der Gesetzgeber durchführen. Jede Beamtenpension wird in Österreich etwa noch auf Jahrzehnte mit durchschnittlich rund 400.000 Euro subventioniert. Bei den ASVG-Pensionen sind es weniger als 100.000 Euro. Ob dieses Missverhältnis von Parlamentariern, die überwiegend selbst dem geschützten Bereich zuzuordnen sind, auch erkannt und als solches benannt wird?

Die Steuerquote in Österreich liegt nach Angaben der OECD mit 42 Prozent um über fünf Prozentpunkte höher als in der Schweiz und um 3,2 Prozentpunkte höher als in Deutschland oder im EU-Durchschnitt. Doch wir sind weit davon entfernt, wirtschaftlich um fünf Prozent besser als unsere erfolgreichen Nachbarländer zu sein. Vielmehr haben wir ohne Not eine allzu große Staatsverschuldung – und diese geht zu Lasten unserer Kinder. Die Hauptursachen für diese offenkundige Vergeudung von Ressourcen ist der Mangel an Public Management und ein Governance Gap, der eine Zersplitterung der Kompetenzen zwischen den Gebietskörperschaften, eine fragmentierte Sozialversicherung, Übersubventionierungen und eine überbordende Bürokratie – siehe die Schulorganisation – zulässt. Wäre der ungeschützte Wettbewerbssektor so ineffizient wie der geschützte oder halb geschützte Staatssektor, lägen wir wirtschaftlich näher bei Griechenland als bei der Schweiz, Bayern, Baden-Württemberg oder Südtirol.

Friedrich Heer hat von den österreichischen Beamten einmal als „Dualisten" gesprochen: „Sie sehen die Wirklichkeit zerteilt in zwei scharf getrennte Bereiche: draußen, in der bösen, von Leidenschaften und egoistischen Trieben verwirrten Welt, herrscht das ‚Unordentliche', Eigenwillige, Selbstsüchtige meist niederer Interessen – drinnen, am Schreibtisch, in der frei gewählten Klausur, dient der treue Staatsdiener dem ‚Gesetz', der ‚Ordnung', dem ‚Staat', dem ‚Kaiser'." „Draußen", so könnte man heute sagen, ist der ungeschützte, zunehmend im globalen Wettbewerb stehende Bereich, dessen Innovationskraft und Produktivität in den vergangenen Jahrzehnten zu einem erheblichen Teil die Internationalisierung und Wohlstandsentwicklung Österreichs vorangetrieben hat, wie in Kapitel 6 zu zeigen sein wird. Auch „drinnen" hat sich zwar vieles geändert. Doch wie die internationalen Vergleichszahlen nahelegen, waren die Beharrungskräfte bisher stets stärker als die Modernisierer.

Ein überzogener Föderalismus hat insbesondere bei den Ländern erstaunliche Doppelgleisigkeiten hervorgebracht: Wir haben zehnmal so viele Landesbeamte wie Beschäftigte in den Bezirkshauptmannschaften – und in Letzteren erfolgt ja die eigentliche Verwaltung. Dass nach wie vor jedes Bundesland eigene Bestimmungen, von der Bauordnung über eine Rauchfangkehrerverordnung bis zu einer eigenen Abgabenordnung ohne eigene Steuerhoheit, haben muss, bläht das Staatsgebilde künstlich auf und vergeudet so Ressourcen, die an anderer Stelle dringend benötigt würden.

Als geradezu sinnbildlich kann angesehen werden, dass seit Jahrzehnten ebenso beherzt wie erfolglos um ein einheitliches Jugendschutzgesetz für ganz Österreich gerungen wird. So bleiben viele im Detail absurd unterschiedliche Vorschriften nebeneinander bestehen: In der Steiermark muss ein 15-Jähriger, der am Samstag ohne Beaufsichtigung Erwachsener fortgeht, um 23 Uhr zuhause sein, in Salzburg darf er bis Mitternacht bleiben und in Kärnten darf er großzügigerweise bis ein Uhr früh ausbleiben. Nicht anders beim Mitfahren „per Daumen": Das Autostoppen in der Steiermark ist verboten, bis man 15 ist, in Kärnten darf man hingegen schon ein Jahr früher den Daumen raushalten, und in Salzburg gibt es überhaupt kein Verbot. Drei Länder, die aneinander grenzen – und drei unterschiedliche Regelungen.

Planlosigkeit herrscht mitunter auch beim Umgang mit Steuergeldern: Die Ende 2012 aufgeplatzte Spekulationsaffäre des Landes Salzburg, die ein unerhörtes Verantwortungsvakuum offengelegt hat, die folgenschwere Expansion der Kärntner Hypo-Alpe-Adria-Bank nach Südosteuropa, verzockte Wohnbaugelder in Niederösterreich und die Millionenverluste der Tiroler Hypo mit Spekulationen in Sizilien sind nur besonders illustrative Beispiele dafür. Banken im Eigentum der Bundesländer haben sich in der Regel eher als Spielzeug der Landeshauptleute denn als Vehikel einer eigenständigen Finanzpolitik, die regionale Wirtschaftsakzente setzen kann, herausgestellt. Die Transparenz der öffentlichen Haushalte fehlt – offensichtlich sind die öffentlichen Finanzen nicht einmal den Verantwortlichen einsichtig, wie die vorigen Beispiele nahelegen.

Nicht, dass eine Abschaffung der Bundesländer die richtige Antwort darauf wäre: Sie sind in der wechselvollen österreichischen Geschichte eine Quelle der Identität. Die Babenberger etwa hatten sich durch Erbschaft das Herzogtum Steiermark einverleibt, das weit über das heutige Bundesland hinausreichte und auch Teile des heutigen Oberösterreich, Niederösterreich und Slowenien umfasste. Salzburg wiederum, 500 Jahre ein selbständiges Fürsterzbistum und kurzzeitig ein Teil Bayerns, kam erst, lange nach Mozarts Tod, 1816 zu Österreich. Das Burgenland, das in der österreichisch-ungarischen Monarchie zur ungarischen Reichshälfte zählte, wurde erst Ende 1921 als eigenständiges Bundesland eingegliedert. Diese regionalen Sonderereignisse und -entwicklungen sowie die damit verbundenen Regionalidentitäten gehören zu Österreichs Geschichte und Selbstverständnis wie die Pummerin zum Stephansdom.

Doch der aus dem Ruder gelaufene Länderföderalismus, wie er sich in den oben genannten Beispielen manifestiert, muss wieder eingedämmt zu werden. Während der Bund mit

einer deutlich besseren Entwicklung bei den Verwaltungs-
ausgaben und durch Maßnahmen wie die Einführung eines
neuen Haushaltsrechts sich schneller internationalen Stan-
dards annähert, hinken die Länder deutlich hinterher. Ein
Kassasturz aller Gebietskörperschaften und Sozialversiche-
rungsträger ist schon allein deshalb höchst überfällig, um die
mäßig erfolgreiche Finanzpolitik der letzten Jahrzehnte
nicht gänzlich aus dem Ruder laufen zu lassen.

Ganze Politikbereiche sind durch die Fragmentierung der
Kompetenzen zwischen Bund und Ländern schwer beein-
trächtigt: Die Elektrizitätsversorgung ist als Folge des Zweiten Verstaatlichungsgesetzes aus dem Jahr 1947 noch immer
zersplittert – es gibt die Verbund AG mit ihren Tochterge-
sellschaften und die einzelnen Landesgesellschaften, was
ebenso wie die Aufteilung vieler politischen Kompetenzen
auf Länder-, Bezirks- und Gemeindeebenen längst nicht
mehr zeitgemäß ist und oft mit hohen administrativen Kosten und bedeutenden Reibungsverlusten einhergeht.

Die Vorschläge zur Verschlankung dieser Strukturen liegen
auf dem Tisch: Eine Vereinheitlichung der unterschiedli-
chen Pensionssysteme für die Landesbeamten würde bis
2050 rund 500 Millionen Euro einsparen, hat der Österreichische Rechnungshof errechnet. In seinem aktuellen Posi-
tionspapier zum Thema Verwaltungsreform listen die Kontrolleure der Republik 588 Einzelvorschläge auf, von denen
sich viele auf die Länder beziehen: von der Krankenanstal-
tenplanung bis zur zersplitterten Sportförderung, Bereiche,
die in letzter Zeit trotz Einsatz gewaltiger Ressourcen nicht

immer herausragende Erfolge gezeitigt haben, man denke nur an die bescheidenen Erfolge österreichischer Sportler bei den Olympischen Sommerspielen in London 2012 oder bei der Ski-Weltmeisterschaft in Schladming 2013.

Doch in all diesen Sektoren zeigt sich erneut die schützende Hand der Landeshauptleute, die bei den Spitälern, im Energiewesen, bei den Landesschulräten oder im Sportbereich natürlich beträchtliche personalpolitische Spielwiesen entdeckt haben. Die symbolische Bedeutung dieser „regionalen Ersatzmonarchen" soll ebenso wenig in Abrede gestellt werden wie die Länder selbst. Es muss aber immer wieder mit Nachdruck daran erinnert werden, dass sie nicht über dem Bundeskanzler oder dem Bundespräsidenten stehen.

Bei dem, was man von den informellen Treffen der so genannten Landeshauptleutekonferenz erfährt, entsteht genau dieser Eindruck. Dort legen die Länder seit 1966 ihre gemeinsame Linie gegenüber dem Bund fest und reden bei Themen wie Schule und Wohnbau, Schuldenbremse oder Gesundheitsreform mit. Ein Gremium, das im Institutionengefüge der Republik demokratisch unkontrollierte (Vor-) Entscheidungen trifft, ist eine föderalistische Fehlentwicklung und in der Bundesverfassung gar nicht vorgesehen.

Polemisch könnte man daher formulieren: Entweder wir schaffen die Landeshauptleutekonferenz oder die Bundesregierung ab. Der jetzige Zustand ist mit ein Grund dafür, warum in so vielen Bereichen unseres Landes derart viele Leerkilometer absolviert werden, zu Lasten künftiger Generationen. Vom Erbe der Monarchie gibt es sicher vieles zu bewahren, allen voran die Idee des Vielvölkerreiches.

Überdimensionierte Verwaltungsstrukturen und realpolitisch überbewertete Regionalpolitiker gehören sicher nicht dazu.

Eine letzte Bemerkung dazu: Der ehrfürchtige Blick nach oben, zum Landesfürsten, zum Kaiser, zu Gott, Ausdruck einer tief verwurzelten Staatsgläubigkeit, hat auch eine wirtschaftspolitische Komponente. In der wieder aufgeflammten Diskussion, wie stark die Rolle des Staats in der Wirtschaft sein soll, ja muss, wird auch stets das Verhältnis der Bürger zur Obrigkeit mitverhandelt.

Nach der Schlüsselrolle, die der Staat als Wirtschaftsakteur in den ersten Jahrzehnten der Zweiten Republik gespielt hatte, wurde „die Verstaatlichte" ab Mitte der achtziger Jahre zum Synonym für Misswirtschaft. Galt in den Nullerjahren des dritten Jahrtausends das Credo der hemmungslosen Privatisierung, so hat der Staat nach den Ereignissen ab 2007 wieder an Attraktivität gewonnen: In schwierigen Zeiten ist die schützende öffentliche Hand ein beliebter Zufluchtsort. Ihren Beistand rufen selbst Banker und Unternehmer, die in Hochkonjunkturphasen am liebsten nichts von ihr wissen wollen, nun wieder gerne an. Sorgsam geschnürte Hilfspakete werden widerstandslos angenommen. Das Pendel ist zurückgeschwungen.

Dabei gibt es zweifelsohne Bereiche, die im marktwirtschaftlichen Wettbewerb besser aufgehoben sind. Ex negativo ist das durch das Scheitern der Planwirtschaften des Ostblocks bestätigt worden. Die Produktion und der Handel mit Lebensmitteln, die Entwicklung und der Vertrieb von Fahrzeugen, die Vermarktung von Hochtechnologien etc. – es ist kaum vorstellbar, dass diese Sektoren *nicht* von Privaten organisiert werden.

Warum das Pendel jetzt zurückschlägt, hängt damit zusammen, dass es davor zu lange in die andere Richtung unterwegs war. Der Ansatz von Margaret Thatcher, aus ideologischen Gründen alles und jedes privatisieren zu wollen, ist gescheitert. Gerade im Infrastrukturbereich, etwa bei der Errichtung und Wartung von Bahnstrecken, Stromnetzen, Autobahnen oder Schnellstraßen, hat sich herausgestellt, dass Private zu oft die notwendigen Investitionen zugunsten des Profits zurückschrauben. Allein schon deshalb sollte beispielsweise die Wasserversorgung, Symbol für Lebensqualität, in der Zuständigkeit der öffentlichen Hand bleiben.

Zwischen diesen Extremen gibt es jedoch eine Grauzone: In der kommunalen Entsorgung oder bei der Straßenreinigung gibt es viele Beispiele, wo die öffentliche Hand Ausgezeichnetes leistet – selbst wenn sie nicht immer die kostengünstigste Lösung bietet, funktioniert sie im Allgemeinen zur Zufriedenheit der Bürger. Dennoch muss ständig geprüft werden, ob eine Einbindung privater Anbieter, die in vielen Kommunen vorzeigbare Leistungen aufzuweisen haben, das System noch effizienter und damit kostengünstiger machen kann.

Aus der Historie kann man ablesen, dass ideologische Positionen zur Frage, was Staat und was Privat machen soll, nicht immer mit den heutigen übereinstimmten: Viele Bereiche der so genannten Daseinsvorsorge entstanden in Wien ja ursprünglich privat und wurden dann – etwa die Gas- und Elektrizitätsversorgung sowie die Straßenbahnen – unter dem christlich-sozialen Bürgermeister Karl Lueger kommunalisiert, also ins öffentliche Eigentum übernommen.

Es gibt, das hat der große Historiker Heinrich August Winkler herausgearbeitet, eine europäische Tradition, die auch dem Staat immer eine gewisse Verantwortung zugewiesen hat, der Wirtschaft Rahmenbedingungen zu setzen. Die Politik hat seit 2007 zunächst auch darum so viel Vertrauen verspielt, weil vielen Bürgern klar geworden ist, dass eine ungestüme Deregulierung der Finanzmärkte ohne jede Kontrolle zu den Problemen geführt hat, an deren Bewältigung wir noch viele Jahre laborieren werden. Die „unsichtbaren Hände des Marktes", die nach den Vorstellungen des großen Nationalökonomen Adam Smith unser Wirtschaftssystem in Balance halten sollten, „hätten uns beinahe erdrosselt", schreibt der deutsche Journalist Gabor Steingart in seinem Buch *Unser Wohlstand und seine Feinde*. Und weiter: „Nur die eiserne Hand des Staates konnte die Welt nach der Implosion des von deutschen Aussiedlern gegründeten Bankhauses Lehman Brothers vor Massenarbeitslosigkeit, Armut und politischem Radikalismus retten."

Der Glaube an den Staat und seine Fähigkeiten in wirtschaftlichen Angelegenheiten mag erschüttert sein: Doch im Kampf gegen die von Steingart beschriebenen Gefahren haben die europäischen Staaten wieder die Chance, Führungsprofil zu gewinnen. Und im Ringen um eine neue europäische Finanzmarktarchitektur, die wesentliche Systemfehler reparieren soll, kann ganz Europa wieder Vertrauen zurückerlangen.

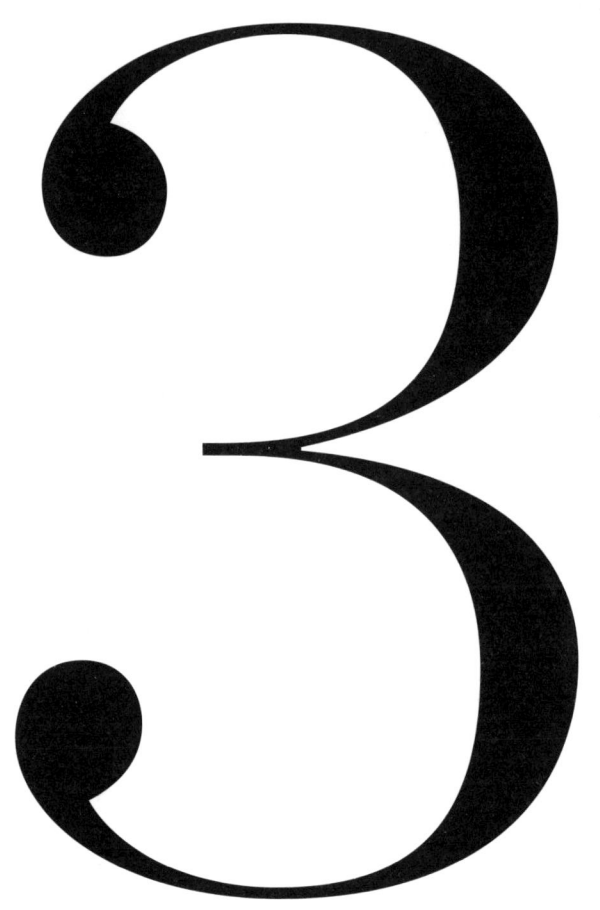

SELBSTBEWUSST DIE NÄHE DEUTSCHLANDS NUTZEN – ABER AUCH DIE ANDEREN NACHBARSCHAFTEN PFLEGEN

Manchmal sagen Zahlen mehr als tausend Worte. In der Volkszählung 2001 waren 40.000 Arbeitnehmer aus Deutschland in unserem Land registriert, zehn Jahre später bereits 83.000. Wir begegnen ihnen als Rezeptionisten in Alpenhotels, als Führungskräfte in der Industrie, als Studierende mit Teilzeitjob. Und es sind nicht nur Deutsche aus den neuen Bundesländern, die ihren ausgetrockneten Arbeitsmärkten entfliehen. Ob Baden-Württemberg, Mecklenburg-Vorpommern oder Niedersachsen – der brummende Wirtschaftsmotor Österreichs hatte in den ersten Jahren des neuen Jahrtausends eine anziehende Wirkung auf eine Vielzahl von Bewohnern aus fast allen deutschen Regionen.

Wer hätte das gedacht? In den siebziger Jahren mussten wir uns politisch noch mit den vielen Grenzgängern aus Österreich beschäftigen, die in Deutschland und der Schweiz arbeiten wollten, auch um dort niedrigere Steuern zu zahlen, die aber in Österreich die bessere Sozialversicherung haben wollten. Heute ist Österreich ein Ort geworden, an dem sich nicht nur gut arbeiten, sondern auch gut leben lässt. Denn immer mehr kommen laut Statistik Austria, um zu bleiben: Anfang des Jahrtausends gab es 75.000 deutsche Staatsbürger in Österreich. 2012 waren es mehr als doppelt so viele: 157.800.

Das Verhältnis zwischen Österreich und Deutschland bzw. ihren Vorgängerstaaten war stets ein spezielles – und das ist es bis heute geblieben. Nach wie vor entsteht eine besondere, manchmal überzogene Emotionalität, wenn im Sport Mannschaften aus Österreich und Deutschland aufeinandertreffen, ganz besonders im Fußball. Bis heute träumen wir von einer Wiederholung der legendären Sieges in Córdoba 1978. Machen österreichische Manager bei deutschen Wirtschaftsgrößen wie Siemens oder in Medienkonzernen wie RTL Karriere, wird das in den heimischen Medien über Gebühr bejubelt. Als 2005 deutsche Magazine angesichts guter Konjunkturdaten in der Alpenrepublik mit „Österreich, das bessere Deutschland" titelten, fand das in der österreichischen Öffentlichkeit besonders begeisterten Widerhall.

Die Beziehung zum großen Nachbarland zeichnete sich lange durch eine Mischung aus tief sitzendem Minderwertigkeitsgefühl und überschwänglicher Triumphstimmung beim leisesten Anlassfall aus. Das mag sich in der Zwischenzeit abgemildert haben. Doch das stets schwierige Verhältnis bleibt überschattet durch die gemeinsame Vergangenheit in den Jahren 1938 bis 1945, in denen Österreich als „Ostmark", später als „Alpen- und Donau-Reichsgaue" Teil des nationalsozialistischen Terrorregimes war. Erst nach 1945 waren die Anschlusssehnsüchte der Ersten Republik verschwunden, in der Abgrenzung zu Deutschland entwickelten sich ein Österreich-Patriotismus und eine österreichische Identität, gegründet auf dem Selbstverständnis als Kulturnation mit einer eigenen Sprachidentität.

Wirtschaftlich und politisch stellte die Zweite Republik ihre Überlebensfähigkeit von Jahrzehnt zu Jahrzehnt eindrucksvoller unter Beweis. Auch wenn ein enges Verhältnis zu Deutschland nach wie vor als unverzichtbar gesehen wird, sieht man das Land heute als einen starken Allianzpartner unter mehreren: Als das Linzer Meinungsforschungsinstitut Market Ende 2012 die Österreicher nach der Zukunft der EU und Wunschbündnissen im Falle eines Zerfalls der Eurozone befragte, befürworteten nur sieben Prozent eine Union allein mit Deutschland, dagegen bezeichneten doppelt so viele (14 Prozent) eine Allianz mit der kleineren, neutralen Schweiz als Wunschlösung. Eine Mehrländerunion mit Deutschland, den Niederlanden und den skandinavischen Staaten würden dagegen 41 Prozent der Befragten als Idealvariante ansehen. Die selbstbewusste Botschaft: Unter einem Dach mit Deutschland, ja bitte – aber nur in einem größeren Verbund.

Österreich, genauer: das Herrschergeschlecht der Habsburger, war 640 Jahre eng mit deutschen Fragen verflochten. Aber eben nicht nur mit deutschen, sondern auch mit spanischen und italienischen Fragen, mit Burgund, den Niederlanden und später dann auch mit Ost- und Südosteuropa.

Wenn Heinrich August Winkler von einem „deutschen Sonderweg" in den Westen gesprochen hat, dann gilt das adaptiert, aber wahrscheinlich noch in größerem Ausmaß, aber viel komplexer, auch für Österreich: Als Folge aus den westeuropäischen Konflikten mit Frankreich und Spanien sowie mit Preußen wurde Österreich nach Ost-, Südost- und

Mitteleuropa quasi abgedrängt. So ergab sich eine völlig andere Perspektive in Richtung Italien, Venezien, Lombardei, Toskana, Balkan, Kronländer, bis hin nach Krakau, Lemberg und Czernowitz, wo die kulturelle Ausstrahlung Wiens noch heute an der Architektur der Opernhäuser abzulesen ist.

Eben weil die habsburgische Monarchie als ein übernationales Staatswesen konzipiert war, gelang es Österreich in der Auseinandersetzung mit Preußen aber auch nicht, die Vorherrschaft in Deutschland zu erringen. Bereits 1806, mit dem Verzicht Kaiser Franz' I. auf die deutsche Kaiserwürde, war die universale Reichsidee dem Nationalismus unterlegen, dem Ansturm des revolutionären Frankreich war das Heilige Römische Reich Deutscher Nation nicht gewachsen – ein Gebilde, das nie römisch, nie zur Gänze deutsch und schon gar nicht heilig gewesen war. Das alte Österreich wurde damit in seiner letzten Phase zum Rückzugsgebiet universaler und patriarchalischer Lebens- und Herrschaftsformen und damit, wenn man so will, neben Russland zu einer der Vormächte des Konservativismus in Europa.

Das wurde auch von der anderen Seite her so gesehen: Zu Beginn der Revolution von 1848 waren auch die liberalen und demokratischen Kräfte in Deutschland noch überzeugt gewesen, dass das deutschsprachige Österreich in jedem Fall zu Deutschland gehört. Doch nach und nach stellte sich heraus, dass die Habsburger nicht daran dachten, ihren Vielvölkerstaat aufzugeben – die meisten slawischen Nationalitäten wiederum sahen in der Monarchie eine Art „Rückversicherung" gegenüber der Gefahr einer russischen Universalmonarchie", wie Winkler meint.

Der verpassten Chance des Mitteleuropaplans von Staatskanzler Felix Schwarzenberg (siehe Seite 30) folgte die bekannte militärische Niederlage gegen Preußen in Königgrätz 1866. Diese verlustreiche Schlacht entschied die „deutsche Frage" endgültig im kleindeutschen Sinn. Preußen wurde die protestantische Führungsmacht in Deutschland.

Die Schaffung des Deutschen Reiches 1871 durch Otto von Bismarck bewirkte einen Aufschwung deutschnationalen Denkens auch in Österreich. War 1848 noch von einem Völkerfrühling gesprochen worden, so entwickelte sich in der Folge durch das Stärkerwerden nationalistischer Strömungen ein katastrophaler, blutiger Völkerwinter. Die Habsburger waren in diesen Jahrzehnten des Nationalismus nicht mehr dazu in der Lage, kraft ihres Herrschergeschlechts ihre Länder zusammenzuhalten.

Nach dem Zusammenbruch der Donaumonarchie kam es, in den Worten von Ernst Bruckmüller, zu einer richtiggehenden „Entösterreicherung". Auf der einen Seite war zwar die koexistenzielle Transnationalität der habsburgischen Universalmonarchie übrig geblieben, die jenes Phänomen bewirkte, dass jeder Österreicher – wie Elias Canetti in seinem autobiographischen Werk *Die gerettete Zunge* ausführt – in sich mehrere Identitäten vereinigt spürte. Doch auf der anderen Seite gab es geradezu eine Eruption des Sprachnationalismus.

Die Anschlusserklärung der „deutschösterreichischen" Nationalversammlung im Herbst 1918 war – so betrachtet – der Auftakt zu einem Weg, der bis zum tatsächlichen „Anschluss" 1938 führte. Die Bemühungen des austrofaschistischen Regimes ab 1933, eine eigene Identität zu erfinden, gingen unter. Die „österreichische Legion" genannten paramilitärischen Einheiten, die sich aus ins Deutsche Reich geflüchteten Nazis rekrutierten, waren ein symbolhaftes Beispiel. Mit dem Einmarsch der deutschen Truppen am 12. März 1938 waren die Annexion und Eingliederung in das Deutsche Reich im Prinzip vollzogen. Die am 10. April abgehaltene Volksabstimmung über den „Anschluss", die mit enormer Propaganda und mit beispiellosem Terror vorbereitet wurde, war nur mehr eine Formsache: Sie erbrachte in Österreich ein überwältigendes „Ja" mit 99,7 Prozent aller abgegebenen Stimmen.

Was heute oft übersehen wird: Die unmittelbare wirtschaftliche Folge war, dass der Devisen- und Goldschatz der Oesterreichischen Nationalbank im Werte von 2,7 Milliarden Schilling, 18-mal größer als jener der Deutschen Reichsbank, nach Berlin gebracht wurde, wo er für volle neun Monate die deutsche Aufrüstung finanzierte – ein maßgeblicher Grund für den Einmarsch Hitlers.

Die Annexion bedeutete jedoch nicht, dass aus an ihrer Existenzfähigkeit zweifelnden Österreichern plötzlich überzeugte Deutsche wurden: Das im „Ständestaat" bereits stärker akzentuierte Österreich-Bewusstsein lebte auch unter dem nationalsozialistischen Regime fort, vor allem unter den zahlreichen Widerstandsgruppen, darunter besonders auch die Kommunisten. So wie es unbestritten ist, dass viele Österreicher in prominenten Rollen Nazi-Verbrechen verübten, so unzweifelhaft ist auch, dass Österreich in Relation zu seiner Einwohnerzahl die meisten Opfer im Widerstand gegen Hitler-Deutschland brachte.

Eine Art Regionalstolz loderte in diesen Jahren weiter: Bei emotionalen Anlässen wie Fußballspielen – etwa Admira gegen Schalke 04 und Rapid gegen Schalke 04 in den Jahren 1940 und 1941 – vermerkten die nationalsozialistischen Berichteschreiber regelmäßig unerwünschte „Österreich-Tendenzen". Notiert wurde auch, dass bei einer Aufführung von Franz Grillparzers *König Ottokars Glück und Ende* im Burgtheater nach der berühmten Österreich-Rede des Ottokar von Horneck spontan applaudiert wurde.

Mit Fortdauer des Krieges wandten sich auch die ehemaligen Befürworter des Anschlusses in den alten politischen Eliten von der Idee einer gemeinsamen Nation ab. „Der Anschluss ist tot", stellte der spätere Bundespräsident Adolf Schärf, einst ein Befürworter des Anschlusses, im Frühsommer 1943 fest: „Die Liebe zum Deutschen Reich ist den Österreichern ausgetrieben worden." So steht es in seiner 1955 publizierten Schrift *Österreichs Erneuerung*.

Dass Österreich nach 1945 als Folge der Moskauer Deklaration, an deren Zustandekommen es nicht beteiligt war, als Kriegsopfer behandelt wurde, während Deutschland als alleiniger Verantwortlicher für den Krieg dastand, lag noch lange wie ein Schatten über dem Verhältnis zwischen den zwei Staaten. Deutschland begann aber auch früher, sich mit der Verantwortung für den Krieg und die Ermordung von sechs Millionen Juden auseinanderzusetzen, die durch den Rassenwahn der Nationalsozialisten in den Tod getrieben wurden – siehe etwa Willy Brandts Kniefall in Warschau 1970. In Österreich waren es erst Bundespräsident Thomas Klestil und die Bundeskanzler Franz Vranitzky, Viktor Klima und

Wolfgang Schüssel, die mit ihren denkwürdigen Reden in Israel und vor dem österreichischen Parlament wichtige Schritte setzten.

Sicher ist: Den Bewohnern Österreichs blieb in den ersten Jahren nach Ende des Krieges erst einmal gar keine andere Wahl, als an das Land zu glauben. Denn eine Wiederannäherung an Deutschland war auch international höchst unerwünscht.

Innenpolitisch war die nationale Frage zwar ab 1949, als für die ehemaligen Nationalsozialisten der VdU (Verband der Unabhängigen) als Wahl-Sammelbecken gegründet wurde, wieder stärker diskutiert. „Österreich ist ein deutscher Staat. Seine Politik muss dem gesamten deutschen Volk dienen", hieß es im VdU-Parteiprogramm aus dem Jahr 1954. Aus dem VdU ging später die heutige FPÖ hervor.

Mit dem Anschlussverbot im Staatsvertrag von 1955 wurden aber international verankerte Tatsachen geschaffen, die einen positiven Zwang zur Eigenständigkeit bewirkten. Politisch war damit eine Annäherung an das erstarkende (West-) Deutschland tabu. So war es ab 1957, kurz nach Unterzeichnung der Römischen Verträge, die Absicht des damaligen Bundeskanzlers Julius Raab gewesen, der neu gegründeten Europäischen Wirtschaftsgemeinschaft (EWG), der Vorläuferin der Europäischen Union, beizutreten. Doch dieses Ansinnen scheiterte am strikten „Njet" der Sowjets, die ein solches Manöver als einen neuerlichen Anschluss an Deutschland interpretiert hätten, wie Hugo Portisch in seinem Buch *Was jetzt* schreibt – also als einen klaren Bruch gegen die Bestimmungen des Staatsvertrags.

In den Jahren des deutschen Wirtschaftswunders profitierte Österreich dennoch, gleichsam im Windschatten, vom beispiellosen Aufschwung im Nachbarland. Durch den heruntergelassenen Eisernen Vorhang und den damit verbundenen wirtschaftlichen Nachteilen war die Wirtschaft zur West-Orientierung gewissermaßen gezwungen.

Eine fixere Bindung wurde ab 1971 in einem anderen Bereich vollzogen: Die österreichische Währung, der Schilling, wurde sukzessive aufgewertet und im Lauf des Jahrzehnts fix an die deutsche D-Mark gekoppelt. Die strategischen Überlegungen dahinter waren vergleichbar mit denen eines Radrennfahrers, der entweder in der Spitzengruppe ist oder zurückfällt und im Hauptfeld gefangen bleibt. Deutschland hatte in diesen Jahren eine der niedrigsten Inflationsraten, was Stabilität signalisierte. Und es war klar, dass wir wirtschaftlich weit zurückfallen würden, wenn wir das Tempo der Deutschen – und jenes der Schweizer – nicht mithalten können.

Mit der D-Mark-Schilling-Koppelung, die auf lange Sicht eine deutliche Verbesserung der Wettbewerbsfähigkeit bewirkte, war auch in psychologischer Sicht eine neue Etappe des Verhältnisses zwischen Deutschland und Österreich erreicht: Wirtschafts- und währungspolitisch gab es zusehends Gemeinsamkeiten, die Hartwährungspolitik war eine „Absage an die Illusion einer sich selbst genügenden Insel, die schon gar keine der Seligen sein konnte", wie der Politikwissenschaftler Anton Pelinka das jüngst ausgeführt hat. Und ebenso wie die Deutschen stolz auf ihre harte D-Mark waren, waren die Österreicher stolz auf ihren Schilling. Die lange Zeit fragile österreichische Identität hatte einen neuen Baustein bekommen.

Als ab 1989, mit dem Fall der Berliner Mauer, die „deutsche Frage" plötzlich weltweit diskutiert wurde, hatte das auf diesen Identitätsbaustein indirekt enorme Auswirkungen: Ein wiedervereinigtes Deutschland, von den Einwohnern und der Wirtschaftsstärke her das größte Land Europas, erschien vielen als potenzielle Gefahr in der Weltordnung. Deshalb wurde, gleichsam als Ausgleich, auch der Weg zu einer Währungsunion eingeleitet, womit auch die D-Mark in einer einheitlichen europäischen Währung aufgehen sollte – ein bedeutender Schritt der europäischen Einigung, dessen Konstruktionsfehler heute allerdings evident sind (siehe Kapitel 7).

Mit dem Beitritt Österreichs zur Europäischen Union 1995 – und in Folge 1999 auch zur Währungsunion, die 2002 durch die Einführung des Euro-Bargelds auch sichtbar wurde – gehören nun beide Staaten einer größeren Einheit an. Fast zeitgleich bewirkten die Ostöffnung und die sukzessive EU-Integration ehemaliger Ostblock-Staaten wie Tschechien, Polen, der Slowakei, Ungarn sowie Slowenien und inzwischen auch Kroatien, dass sich der Aktionsradius für die heimische Wirtschaft beträchtlich in Richtung Osten und Südosten erweiterte. In diesen ehemaligen Kronländern der Habsburgermonarchie wurden erfolgreich neue Absatzmärkte erschlossen. Wohl ist die Handelsverschränkung mit Deutschland enorm geblieben: 87 Milliarden Euro betrug das Volumen des Handelstroms in beide Richtungen 2012, wobei Österreich 38 Milliarden Euro nach Deutschland exportierte und 49 Milliarden Euro einführte. Damit nimmt der große Nachbar 30 Prozent der österreichischen Exportgüter ab. Doch noch vor zehn Jahren war die Abhängigkeit deutlich höher, und vor der Ostöffnung waren es, rechnet man die DDR dazu, fast 50 Prozent gewesen.

Das Wirtschafts-Match Deutschland gegen Österreich wird heute bei allen Größenunterschieden als eines wahrgenommen, das auf Augenhöhe geführt wird. Von der Möbelhandelskette bis zum Baukonzern gibt es eine Reihe erfolgreicher Beispiele von Expansionen österreichischer Unternehmen in das derzeit wirtschaftlich stärkste Land Europas.

Die Geldwirtschaft, viel beachtet für ihre Expansion nach Osteuropa, folgte ihren Kunden auch in den süddeutschen Raum: In den letzten zwei Jahrzehnten ist es insbesondere den oberösterreichischen Regionalbanken gelungen, mit dem Aufbau eines beachtlichen Filialnetzes in Bayern und Baden-Württemberg Akzente zu setzen.

Nicht nur wirtschaftlich, auch kulturell und sprachlich ist die Verschränkung eher enger geworden. Im Theater- und Verlagswesen gibt es ja seit jeher vieles, was die beiden Länder miteinander verbindet. Auch die Beliebtheit der deutschen Privatfernsehsender hinterlässt beim österreichischen Publikum sprachliche Spuren: Linguisten weisen immer wieder darauf hin, dass Austriazismen von norddeutschen Wörtern und Anglizismen verdrängt zu werden drohen.

Doch selbst wenn „Tomate" öfter zu hören sein mag als „Paradeiser" oder „Treppe" häufiger als „Stiege": Es gibt heute zweifelsohne in Bezug auf Deutschland ein eindeutig selbstbewussteres Österreich. Dass selbst in der Programmatik und Rhetorik der FPÖ der Österreich-Patriotismus im Mittelpunkt steht, zeigt auch, dass sich keine politische Gruppierung mehr etwas davon verspricht, die „deutsche

Nation" als gemeinsamen Nenner zu beschwören. Umfragen belegen im Übrigen regelmäßig, dass gerade bei jungen Leuten, abgesehen von einigen Ewiggestrigen, die Deutschtümelei verschwunden ist.

Im Übrigen ist festzuhalten, dass die Sozialdemokratie nach 1945 in Österreich eine größere Rolle gespielt hat als in der Bundesrepublik: Während in unserem Land die SPÖ seit Ende des Zweiten Weltkriegs 37 Jahre lang den Bundeskanzler stellte, gab es in Deutschland nur in 20 Jahren von SPD-Kanzlern geführte Regierungen.

Aktuell wird in europäischen Zirkeln intensiv darüber debattiert, ob Deutschland als wirtschaftlich stärkstem Land Europas angesichts seiner Geschichte eine Führungsrolle zukommen darf, ja ob womöglich ein „deutscher Hegemon" entsteht. Keine ganz neue Fragestellung übrigens: Schon Henry Kissinger, der ehemalige US-Außenminister mit deutschen Wurzeln, hatte in Bezug auf das Bismarck'sche Reich von 1871 gemeint, Deutschland sei „zu groß für Europa und zu klein für die Welt" gewesen.

In der EU und in der Eurozone wird es zweifelsohne in den nächsten Jahren, ja Jahrzehnten eine enge Abstimmung mit den großen Nachbarn geben müssen. In der aktuellen wirtschaftlichen Situation, in der viele andere großen Volkswirtschaften des Kontinents – Italien, Spanien, Frankreich und auch Großbritannien – geschwächt sind, ist eine deutsche Führungsrolle logisch. Dazu gehört die Einsicht, dass Solidarität keine Einbahnstraße ist: Hier muss man immer wieder in Erinnerung rufen, dass Deutschland selbst im Londoner Schuldenabkommen 1953 einen großen Schuldenerlass zugesprochen bekommen hat.

So wie für seine anderen Nachbarn auch – ob Dänemark oder die Niederlande, Belgien, Luxemburg oder die Schweiz, selbst Frankreich, vor allem aber Polen und Tschechien – wird Deutschland für Österreich von immenser Bedeutung bleiben. Es ist auch nicht alles Gold, was in Deutschland glänzt. Das Land hat etwa die älteste Bevölkerung Europas. Seine Forschungsleistungen liegen im Mittelfeld. Die Energiepolitik hat dazu geführt, dass die Energierechnungen in deutschen Haushalten um 40 Prozent höher sind als im EU-Schnitt. Es braucht selbst die EU. Dennoch wird es nicht nur ökonomisch, sondern auch währungspolitisch auf absehbare Zeit eine Wirtschaftsmacht bleiben, die mit ihrer historischen Verantwortung weiterhin reif wird umgehen müssen.

Wir sollten die Tatsache der deutschen Stärke anerkennen – und die Nähe selbstbewusst nutzen. In einem Wettbewerb der europäischen Regionen brauchen wir nicht davor zurückscheuen, uns neben der Schweiz an den deutschen Vorbildregionen zu orientieren. Bayern und Baden-Württemberg, die stärksten wirtschaftlichen Regionen der Bundesrepublik, sollten unsere Messlatten sein.

Ungeachtet dessen bleibt Deutschland aber nur einer von acht Nachbarn – die anderen haben romanische, alemannische, magyarische, nord- und südslawische Wurzeln. Und selbst wenn Kroatien, Bosnien und Serbien keine direkten Grenzen mit Österreich haben – kulturell ist die Nachbarschaft evident. Deshalb sollten wir alleine aus unserer Geschichte heraus mit dem respektvollen Blick nach Nordwesten dem Osten und Südosten nicht unseren Rücken zukehren. Die durch den Fall des Eisernen Vorhangs wiedergewonnenen Nachbarschaften sollten wir ebenso wertschätzen wie die ohne Unterbrechung gepflegten in Richtung Westen und Süden.

Im Hinterkopf muss dabei stets eines bleiben: Das Glück der Geschichte war nach dem Zweiten Weltkrieg auf unserer Seite. Dass Österreich nicht hinter dem Eisernen Vorhang landete und damit auch von den Mitteln des Marshallplans abgeschnitten gewesen wäre, kann keinen Anspruch auf Höherwertigkeit begründen, sondern eher eine Verpflichtung, in aller Wertschätzung zum politischen und wirtschaftlichen Aufholprozess der ehemaligen kommunistischen Staaten beizutragen.

Mit seiner wirtschaftlichen Stärke ist Österreich eben nicht mehr das kleine Land, das sich an einen großen Bruder nur anhängen will. Es kann durch kluge und beständige Nachbarschaftspolitik eine Andockstelle für die aufstrebenden Staaten im Osten und Südosten Europas sein.

Wenn selbst das Vorzeigeland Schweden jüngst mit tagelangen Krawallen vor allem jugendlicher Einwanderer Negativschlagzeilen machte, so ist festzuhalten, dass Österreich trotz seines hohen Immigrantenanteils von über elf Prozent Integrationsfragen bisher erstaunlich geschmeidig gelöst hat. Und es spricht einiges dafür, dass das mit der größeren kulturellen Nähe der Einwanderernationen zusammenhängt: Nach Staatsangehörigkeit bilden heute Menschen aus dem ehemaligen Jugoslawien, exklusive der EU-Mitglieder Kroatien und Slowenien, mit aktuell 239.000 die größte Bevölkerungsgruppe mit Migrationshintergrund, gefolgt von den Deutschen (157.800), Türken (113.000) und Kroaten (59.000). Nachbarschaft ist keine Angelegenheiten der Nationalstaaten allein, sondern findet auch in den Ländern selbst statt.

So pathetisch heute Anton Wildgans' Worte in seiner *Rede über Österreich* aus dem Jahr 1929 klingen mögen, so sehr sind sie ein Auftrag für ein Land, das sich gerne als Brückenbauer sieht: Als psychologisches Erbe der Monarchie beschrieb Wildgans in seiner berühmten Rede den deutschsprachigen Österreicher als jemanden, der „alles, was er in Bezug auf den Gesamtstaat dachte und aussprach, in soundso viele andere Sprachen übersetzen lernte und dabei der geheimnisvollen Tatsache begegnete, dass jeder Satz der eigenen Sprache, ob auch in der fremden dem Sinne nach gleich, dennoch in dieser nicht nur phonetisch, sondern auch seelisch einen anderen Klang hat. So wurde er zu einem Menschen, der sich hineindenken konnte, ja, hineindenken musste in fremde nationale Gefühlswelten, in fremde Volksseelen, so wurde er Völkerkenner, Menschenkenner, Seelenkenner, mit einem Wort: Psychologe. (...) Und Psychologie ist Pflicht im Zusammenleben der Menschen und Völker!"

Dass kleinere Nationen für Mittlerrollen geradezu prädestiniert sind, trifft nicht nur auf Österreich zu. In der heutigen Situation in Europa – mit einem wirtschaftlich prosperierenden Deutschland und einer noch erfolgreicheren Schweiz auf der einen Seite, den neuen, erstarkenden Volkswirtschaften des ehemaligen Ostblocks und Ex-Jugoslawiens auf der anderen Seite – ist die Chance einer aktiven und dynamischen Nachbarschaft in alle Richtungen aber größer denn je.

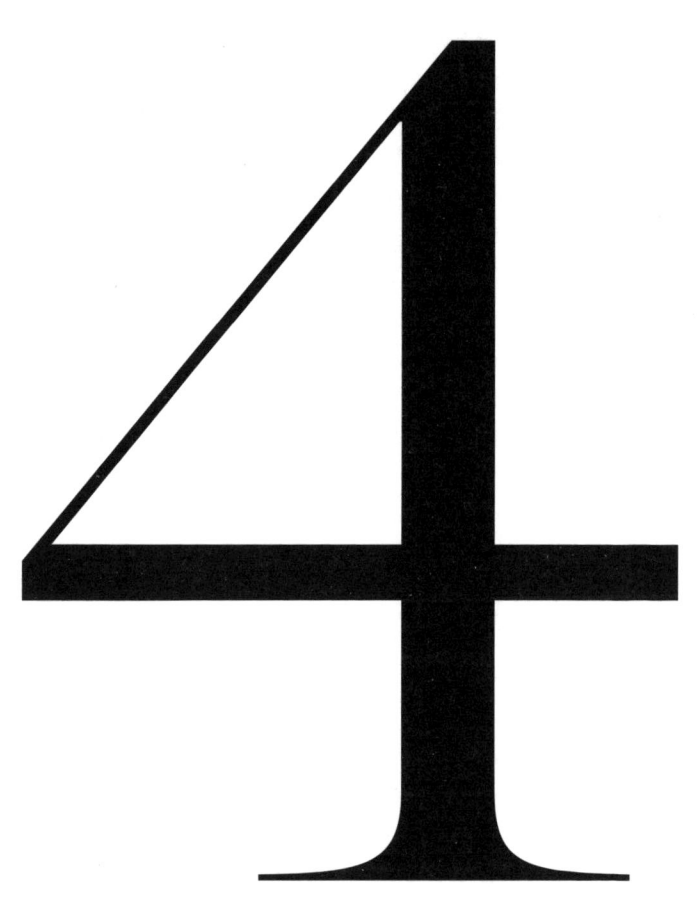

POPULISMUS IST DIE FALSCHE ANTWORT AUF POPULISTISCHE STRÖMUNGEN

In wirtschaftlich krisenhaften Zeiten hat häufig jener den größten Zuspruch, der die einfachsten Lösungen predigt: Dieser Umstand oder jene Person sei an der Misere schuld, heißt es dann, also müsse man das Übel nur beseitigen, um alles zum Besseren zu wenden. Der Sündenbock kann Euro heißen, Sozialismus oder auch eine ganze Bevölkerungsgruppe umfassen, wie es aus der Geschichte des 20. Jahrhunderts nur allzu bekannt ist.

Das Spektrum der politischen Angebote ist in vielen europäischen Ländern in den letzten Jahren beträchtlich größer geworden. Neue, populistische Parteien tauchen auf, die bei den Wahlen teils erstaunliche Erfolge erzielen, bevor sie wieder in der Bedeutungslosigkeit verschwinden. Ob die „Piraten" in Deutschland oder die „Grillini" des Komikers Beppe Grillo in Italien, ihr großer Zuspruch beim Publikum ist auf große Unzufriedenheit und schlechte Stimmung zurückzuführen, die nicht immer mit der tatsächlichen Lage übereinstimmt. In Österreich ist der Erfolg solcher Protestbewegungen und Neugründungen noch abzuwarten.

Bei aller Skepsis gegenüber einfachen Lösungen: Es gibt zwei Rezepte, wie man Populismus wirkungsvoll entgegnen kann. Erstens und langfristig gedacht: Man muss Rahmenbedingungen schaffen, um ein selbstbewusstes Bürgertum – heute spricht man vom Mittelstand – zu ermöglichen, das Vertrauen in die eigene Leistungsfähigkeit hat, kontroverse Debatten nicht scheut, optimistisch in die Zukunft blickt sowie Probleme aus eigener Kraft lösen will und kann. Und zweitens, sofort anwendbar: Man muss durch politische Führung den Menschen, vor allem aber der Jugend Perspektive, Orientierung und Halt geben.

Warum in Österreich die Gruppe selbstbewusster, eigenverantwortlicher und eigeninitiativer Menschen zu klein geblieben ist, hat eine Reihe von historischen Gründen. Die Gegenreformation, wie im ersten Kapitel beschrieben, ist einer davon: Der Protestantismus war bis auf einige evangelische Enklaven – von der Rax bis zur Ramsau am Dachstein, vom Burgenland bis zum Salzkammergut – zurückgedrängt worden. Die Botschaft, die unterm Strich übrig blieb, lautete: Widerstand lohnt sich nicht. Die Eigenverantwortlichkeit, die im Protestantismus mit seinem zum Teil extrem moralischen Hintergrund ihre Wurzeln hat – man denke an die schottische Aufklärung, den Calvinismus, die Puritaner –, konnte sich deshalb nie auf breiter Ebene durchsetzen. Was blieb, war die Obrigkeitsgläubigkeit, -hörigkeit oder -akzeptanz, wie wir sie auch noch für das postmonarchische Österreich identifiziert haben.

Auch das politische System im Vormärz trug zu einer Art „verspäteter Verbürgerlichung" bei. Die liberale Reformpolitik Maria Theresias und Josephs II. hatte zwar eine ausgesprochen günstige Ausgangsbasis für eine erfolgreiche Industrialisierung der Donaumonarchie geschaffen. Aber nicht nur die Belastungen der napoleonischen Kriege, sondern auch neue politische Bewegungen stellten in der ersten Hälfte des 19. Jahrhunderts den Vielvölkerstaat in Frage. Der listenreiche Fürst Metternich, Staatskanzler unter Franz I. und Ferdinand I., wachte über ein Europa, das der napoleonischen Reformen verlustig gegangen, von wachsenden nationalistischen Tendenzen bedroht, jedoch von einem System der politischen Starre aufrecht gehalten war. Insbesondere das zollpolitische Abschirmungssystem mäßigte den Zwang zur Modernisierung und zur Konzentration von Produktionen. Handwerkliche Betriebsformen blieben deshalb länger erhalten als anderswo. Erzherzog Johann, der große Reformer und Innovator der Steiermark, brachte seine technischen Neuerungen und Ideen meist von Auslandsreisen mit – selbst er hatte Schwierigkeiten mit der Zensur, wenn er sich ausländische Bücher ausborgen wollte.

So wurde eine wichtige Phase in der industriellen Entwicklung versäumt, nicht zuletzt auch, weil man das revolutionäre Potenzial eines Industrieproletariats fürchtete Robert Musil schreibt von diesem Österreich als „Land der privilegierten Unternehmungen, des mit Zusicherungen und Schutzbriefen arbeitenden Unternehmertums, das dadurch an Tüchtigkeit verlor". Dieser pointierte Befund war sicher bis weit ins 20. Jahrhundert hinein gültig.

Am Einsatz der Dampfmaschinen lässt sich das Defizit in Zahlen ablesen: 1841 waren in Österreich 223 Maschinen mit insgesamt 2.798 PS aufgestellt, Preußen verfügte aber 1840 bereits über 608 Maschinen mit 11.641 PS. Bei einer Gesamtausdehnung der österreichisch-ungarischen Monarchie von

626.000 Quadratkilometern verfügte der Staat um 1900 nur über ein Eisenbahnnetz von etwa 19.000 Kilometern, hingegen England mit einer Fläche von 130.000 Quadratkilometern über 30.000 Kilometer, Frankreich mit 540.000 Quadratkilometern ebenfalls über 30.000 Kilometer und Deutschland über ein Schienennetz von mehr als 50.000 Kilometer. Die industrielle Schwäche der Monarchie zeigte sich auch unmittelbar an der Entwicklung der industriellen Produktion. Während sich diese beispielsweise zwischen 1800 und 1888 in Deutschland beinahe verzehnfachte, war in Österreich nur ein halb so rascher Anstieg zu verzeichnen, also auf knapp das Fünffache. Auch im Vergleich zur Versiebenfachung der industriellen Weltproduktion im selben Zeitraum war das Ergebnis der Monarchie unterdurchschnittlich.

Das Phänomen des strukturellen Zurückbleibens hatte auch eine kulturpolitische, genauer: eine bildungspolitische Determinante. Nach den stürmischen Neuerungen unter Joseph II. ruhte sich die gesamte Schulverwaltung bis zur Mitte des 19. Jahrhunderts auf den um 1780 erarbeiteten Positionen aus. Lesebücher adaptierte man nur geringfügig; die meisten Unterrichtswerke basierten auf Kompendien aus dem 18. Jahrhundert. Das deutsche Lesebuch etwa, das von 1812 bis 1848 benützt wurde, favorisierte nach wie vor Friedrich Gottlieb Klopstock, Gotthold Ephraim Lessing und Christian Fürchtegott Gellert. Von Friedrich von Schiller gab es einige Proben, an Johann Wolfgang von Goethes Dichtungen wagte man sich kaum. Die übrige Dichtung, vom Sturm und Drang bis zur deutschen Romantik, verschwieg man

Johann Gottfried von Herders berühmter Appell an das „Gefühl der Billigkeit gegenüber anderen Nationen" blieb der studierenden Jugend des damaligen Kaisertums Österreich offiziell unbekannt.

So wurde in einer Epoche, in der der Liberalismus Leitgedanke der Wirtschaftspolitik war, die Durchdringung der Gesellschaft mit liberalem Gedankengut verhindert. Der damals in aller Welt sich durchsetzenden Grundhaltung des Erwerbslebens – dem aufgeklärten Selbstbewusstsein, das mit Optimismus den Risiken und Zufällen des Schicksals die Stirn bietet – stellte das österreichische Bildungssystem eine weit weniger leistungsfreundliche, von Pessimismus, ja von Resignation geprägte Abwehrhaltung gegenüber: gesellschaftliche und weltanschauliche Sicherheit innerhalb der Grenzen der staatlichen wie religiösen Gemeinschaft. Die Ehe zwischen Thron und Altar bremste die Modernisierung.

In welchem Maße der Liberalismus, der in protestantischen Ländern natürlich bessere Entfaltungschancen hatte, dem katholischen Lager Österreichs, dem der Großteil des Erwerbsbürgertums entstammte, ein Dorn im Auge war, erwies sich in der zweiten Hälfte des 19. Jahrhunderts: Die *Wiener Kirchenzeitung*, 1848 von einem ehemaligen Metternich-Protegé gegründet, führte bis zur Jahrhundertwende einen vom Herrscherhaus wohlgelittenen Kampf gegen jegliche individuell-aufgeklärte Lebensgestaltung.

Ganz anders verhielt es sich beispielsweise in Preußen, einem Land, das im 17. Jahrhundert die Hugenotten aufgenommen hatte, während in Österreich noch 1731 das Fürsterzbistum Salzburg die Protestanten im „Großen Salzburger

Zug" nach Preußen vertrieb. Dort setzte bereits am Beginn des 19. Jahrhunderts, nach der Niederlage in den napoleonischen Kriegen, eine innere Erneuerung ein. Die Ideen der Französischen Revolution und der Aufklärung fanden Eingang in das politische System. Das liberale Gedankengut der Zeit drückte sich in der Stein'schen Verordnung von 1807 aus, in den daran anschließenden Hardenberg'schen Reformen sowie in der Gründung des Deutschen Zollvereins 1834. Obwohl nach der endgültigen Niederlage Napoleons 1815 diese Reformen zum Teil behindert wurden, behielt man jedenfalls wirtschaftspolitisch die liberale Linie bei. Die eingeleitete Reform der Landwirtschaft, die Einführung der Gewerbefreiheit sowie die neugeschaffene große Freihandelszone waren wesentliche Voraussetzungen für die rasche Industrialisierung Deutschlands in der zweiten Hälfte des 19. Jahrhunderts.

In Österreich hatte industrielle Tätigkeit dagegen nie ein besonders hohes gesellschaftliches Prestige. Der Historiker Adam Wandruszka hat etwa nachgewiesen, dass deutlich weniger Persönlichkeiten aus der Industrie nobilitiert, also in den Adelsstand erhoben wurden als solche aus den klassischen Ständen der Monarchie, den Offizieren, Beamten und Grundbesitzern.

Nicht nur an privatem, für Industrieprojekte zur Verfügung stehendem Kapital mangelte es, sondern auch an kompetenten Unternehmerpersönlichkeiten. Diese Lücke konnte in der Monarchie nie ganz geschlossen werden, gemildert wurde sie durch den „Import" von ausländischen Unternehmern: aus Deutschland, Böhmen und Mähren, insbesondere Protestanten und Juden. In der dominanten adeligfeudalen Gesellschaftsschicht hatte man Grund- oder Forstbesitz, allenfalls war man Offizier oder Diplomat, aber das wirtschaftliche Geschehen wurde weitgehend als nicht standeswürdig erachtet.

Nur kurz flackerte der Liberalismus in den 1870ern auch in Österreich heftig auf: Nach dem Ausgleich mit Ungarn war die Liberale Partei in der österreichischen Reichshälfte die herrschende Partei geworden. In der Zeit bis zum Börsenkrach 1873 entwickelte sich eine rege Bautätigkeit. In dieser „Gründerzeit" unter dem liberalen, zu Unrecht vergessenen Wiener Bürgermeister Cajetan von Felder entstanden die Ringstraßenbauten, Fabriken, Industrieanlagen, Eisenbahnen, Banken, Bauunternehmungen, Versicherungen etc. Jedem kirchlichen Anspruch auf Volksbildung und -führung standen die Liberalen feindlich gegenüber, durch die Aufkündigung des Konkordats mit dem Vatikan wurde der Einfluss der Kirche auf das Bildungswesen und das Eherecht zurechtgestutzt.

Doch nach den Erfahrungen des Börsenkrachs war der Liberalismus diskreditiert, umso ungehinderter konnten die Rattenfänger auf den Plan treten. Georg Ritter von Schönerer, 1873 noch als Vertreter der liberalen deutschen Fortschrittspartei in den Reichsrat gewählt, trat 1876 aus dieser Partei aus und wurde 1879 Führer der Deutschnationalen Bewegung, deren Programm eine Mischung aus nationalistischen, sozialen und antisemitischen Elementen war.

Wie engstirnig und obstruktionsfähig insbesondere die nationalistischen Strömungen im Parlament waren, kann durch ein Kuriosum veranschaulicht werden, das kaum noch in Erinnerung ist: Als die Nord-Süd-Querung der Alpen anstand, wurde die Eisenbahn statt unter dem verkehrsgünstigen Felbertauernpass durch das Gasteinertal gegen Süden geführt – weil es den deutschnationalen Abgeordneten im Reichstag untragbar schien, dass die erste Ortschaft jenseits der Felbertauern den slawischen Namen Windisch-Matrei tragen sollte. Da gefiel ihnen die Ortsbezeichnung Heiligenblut, das der durchs Gasteinertal Reisende auf der Kärntner Südseite der Alpen vorfindet, wesentlich besser. (Als die Matreier ihren Ort in Matrei in Osttirol umtauften, war es natürlich längst zu spät.)

Zu Schönerers frühen Gefolgsleuten gehörten Karl Lueger, der Gründungsvater der Christlichsozialen und spätere Wiener Bürgermeister, ebenso wie die Gründungsväter der Sozialdemokratie: Viktor Adler und Engelbert Pernerstorfer. Ihre vor dem Ersten Weltkrieg rasch zu Massenparteien angewachsenen Bewegungen verdrängten den Liberalismus – wenngleich er in gewisser Weise in jeder der drei Richtungen zu finden war – derart, dass nach 1918 eine liberale Partei überhaupt nicht mehr in Erscheinung trat. Letztlich war auch Adolf Hitler, der von den Lehren Schönerers beeinflusst worden war, ein Bewunderer Luegers.

Die Grenzen zwischen Populisten und Verhetzern ist und war meist fließend. Erstaunlich ist, dass nach den ersten Erfolgsjahrzehnten der Zweiten Republik die Neigung nicht abgenommen hat, Heilsverkündern aus der Hand zu fressen. Als 1986 das „dritte Lager" mit Jörg Haider eine neue Frontfigur erhielt, die gegen Proporz und Ausländer wetterte, hatte er bis Ende der neunziger Jahre fast ein Viertel der österreichischen Wähler hinter sich. Als dagegen Mitte der neunziger Jahre eine FPÖ-Abspaltung mit dem Wort „liberal" im Namen und einem durchaus ambitionierten wirtschafts- und gesellschaftsliberalen Programm die politische Bühne stürmte, überlebte sie nur zwei Nationalratswahlen: Das Liberale Forum (LIF) ist heute nur noch ein Schatten seiner selbst.

In der aktuellen Parteienlandschaft der Republik ist der Liberalismus nicht mehr vertreten – auch nicht in den beiden großen Volksparteien SPÖ und ÖVP. Leider kann auch keine Partei mehr von sich behaupten, auf breiter Basis wirtschaftspolitische Kompetenz darzustellen: Früher war das eine Domäne der ÖVP gewesen – unter Kreisky war es dann der SPÖ gelungen, diesbezüglich ideelle Stärke und Umsetzungskompetenz zu erlangen. Heute sind nur noch Spurenelemente davon vorhanden.

Wer etwa die neuerdings wieder aufgeflammte Diskussion über eine Sonntagsöffnung im Handel verfolgt, kann darin nur einen Ausdruck tief sitzender antiliberaler Mentalität erkennen. Die Widersprüchlichkeit der Argumentation ist evident: Die Bekämpfer einer Sonntagsöffnung wollen zugleich, dass an diesem Tag die Straßenbahnen und Busse fahren, dass die Gastronomie funktioniert und die Spitäler offen haben. Diskutierenswert ist natürlich, unter welchen Bedingungen man liberalere Ladenöffnungszeiten zulässt. Aber prinzipiell dagegen zu sein ist eine Haltung, die offenkundig dem Leitspruch der Antireformer folgt: „Es kann nicht sein, was nicht sein darf."

Es geht nicht darum, einen Liberalismus nach Prägung Friedrich von Hayeks zu forcieren – der regelorientierte Ordoliberalismus etwa eines Walter Eucken, in dem es ein Interventionsrecht des Staates gibt, wäre dem vorzuziehen. Doch seit den neo-neoliberalen Auswüchsen in den Nullerjahren des 21. Jahrhunderts hat der Liberalismus, der die Grundlage für ein gegen den Populismus resistentes Bürgertum sein könnte, eine zweite große Diskreditierung erfahren. Die Chancen, dass er zum Grundkonsens der Gesellschaft wird, sind gesunken. Und die Anfälligkeit für wohlklingende politische Versprechungen aller Art ist gestiegen.

Selbst der EU-Beitritt Österreichs 1995, der ungeheure Internationalisierungsschub in den Neunzigern und Nullerjahren, der Aufstieg im internationalen Performancevergleich hat in dieser Hinsicht nicht genug bewirkt. Laut aktuellen Umfragen kann sich ein Viertel der Österreicher vorstellen, bei der nächsten Wahl ihre Stimme einem Milliardär zu geben, der sich seine Mandatare aus den Beständen einer FPÖ-Abspaltung zusammengeklaubt hat. Die österreichischen „Grillini" stehen ante portas.

Die Ursachen dafür sind aber nicht nur in historischen Kontinuitäten zu suchen, sondern auch in einer tiefen Frustration angesichts notwendiger Umbauten im Sozialstaat oder anderen Bereichen, wie schon in der Einleitung ausgeführt wurde. Der überdehnte Wohlfahrtsstaat hat dazu geführt, dass nicht nur in unserem Land eine gewisse Bequemlichkeit, Wehleidigkeit und ein Anspruchsdenken mit Vollkaskomentalität entstanden ist, kombiniert mit einem unbefriedigenden Leistungsverständnis und einer ungenügenden Leistungsarchitektur. Von der Wiege bis zur Bahre wird für alles vorgesorgt, noch dazu nach Möglichkeit zum Nulltarif – mit diesem Glaubenssatz haben Generationen gut gelebt. Jetzt müssen sie ihn plötzlich hinterfragen. Dabei ist klar: Eigenverantwortung, Eigeninitiative und Eigenvorsorge sind die Voraussetzung für Freiheit, Verantwortung und Solidarität. Nur wenn es Leistungsgerechtigkeit gibt, kann es auch eine Verteilungsgerechtigkeit geben. Beides setzt Chancengleichheit und Durchlässigkeit im Bildungsbereich voraus.

Wir beklagen ständig die Armutsbedrohung, um die herum schon ein richtiger Armutsbedrohungsmarkt entstanden ist – aber die Armutsberichte haben nur dann Sinn, wenn parallel dazu auch entsprechende Wohlstandsberichte veröffentlicht würden. Dann würde man erkennen, dass beide Berichte nicht zusammenpassen. Immerhin haben wir weltweit eines der ausgewogensten Verteilungsverhältnisse.

Vielfach fehlt es an Engagement, an der Leistungsbereitschaft und an der Leistungsfähigkeit, und die Ursachen dafür liegen im System. Ein nicht aus der Luft gegriffenes Beispiel: Ein Schichtarbeiter der Voestalpine verdient im Schichtbetrieb 2.800 Euro brutto und erhält netto 1.810,75 Euro auf die Hand. Sein frühpensionierter Nachbar im Mühlviertel bekommt oft kaum weniger, und der nächste Nachbar, arbeitslos, kann ihn sogar übertreffen, wenn er noch etwas dazuverdient. Man darf die Augen nicht davor verschließen, dass immer mehr Menschen keiner Arbeit mehr nachgehen wollen, weil das Leistungseinkommen netto kaum höher ausfallen würde als das bezogene Unterstützungseinkommen inklusive der damit verbundenen Vergünstigungen.

Wenn eine überwiegende Mehrheit der jungen Österreicher in Umfragen angibt, ihre zwei wichtigsten Ziele seien Sicherheit und Freizeit, dann stimmt etwas mit der Leistungsarchitektur im Land nicht. Und wenn 30 Prozent der von einer Linzer Universität befragten Studierenden vor Kurzem angaben, ihr berufliches Ziel sei es, im öffentlichen Dienst zu landen, aber nur 17 Prozent eine internationale Laufbahn anstreben, dann manifestiert sich darin eklatant die Doppelproblematik von Fehlanreizen und fehlenden Anreizen.

Am deutlichsten und verhängnisvollsten tritt diese Problematik aber in einem Bereich zutage, der die Zukunft schlechthin betrifft, nämlich unsere Kinder: Wir haben eine der niedrigsten Geburtsraten – und zugleich eine der, gemessen an ihrem Anteil an den staatlichen Ausgaben, höchsten Familienförderungen der Welt. Hier aus gesellschaftlichen wie pädagogischen Gründen die richtigen Anreize zu setzen, etwa durch den Ausbau eines qualitativ hochwertigen Ganztagsbetreuungsangebots im Vorschulalter und verschränkter Ganztagsschulen wie etwa in Frankreich, das deutlich höhere Geburtenraten aufweist, ist und bleibt eine vordringliche Aufgabe der Politik. Nicht zuletzt muss auch ein Ziel sein, den hohen Anteil teilzeitbeschäftigter Frauen zu verringern.

Erschwerend für die Entfaltung der politischen Kultur kommt hinzu, dass in einer Medienlandschaft, in der Belanglosigkeiten in den Rang von Nachrichten gehoben werden, das Verständnis für Zusammenhänge und Entwicklungstrends ebenso wie für Überzeugungen und Visionen verloren geht. Die politischen Splittergruppen mit ihren aufmerksamkeitsheischenden Selbstdarstellern an der Spitze profitieren davon. Wie schon der Medienwissenschaftler Neil Postman über Aldous Huxleys berühmten Roman schrieb: „In der *Schönen neuen Welt* leiden die Menschen nicht daran, dass sie lachen statt nachzudenken, sondern daran, dass sie nicht wissen, worüber sie lachen und worüber sie aufgehört haben nachzudenken."

Das Auffälligste und zugleich Beunruhigendste ist jedoch die wachsende Anzahl derer, die nicht mehr aktiv partizipieren - indem sie von ihrem demokratischen Wahlrecht nicht mehr Gebrauch machen. Bei den diversen Landtagswahlen wurden zuletzt historische Tiefststände erreicht. Wahlbeteiligungen von 28 Prozent wie bei den Österreichischen Hochschülerschaftswahlen zeugen davon, dass immer weniger sich mit der aktiven Gestaltung ihrer Rahmenbedingungen auseinandersetzen. Der Trend zum Nichtwählen ist anhaltend, und er wird sich verstärken, wenn weiter eitle Repräsentation und politischer Opportunismus gegenüber klaren Vorstellungen und Programmen überwiegen. Wenn Politik zum Facebook-Happening und zum Entertainment verkommt, dann dämmert das Zeitalter des Dilettantismus.

Am tückischsten ist diese Mischung dort, wo besondere Wirtschaftskompetenz als alleiniges politisches Qualifikationsmerkmal reklamiert wird: Dahinter steckt der plakative, aber irrige Glaube, eine Partei und ein Staat ließen sich wie ein Unternehmen managen. Natürlich muss sich Politik auch verstärkt an Kriterien wie Effizienz und Kostenbe-wusstsein messen lassen – doch fähige Politiker brauchen darüber hinaus Visionen, die sie ihren Wählern erklären und selbst in konkrete Politik umsetzen können. Nun mangelt es nicht an Konzepten, Expertenbefunden und kompenten Lösungsvorschlägen zu Problemen aller Art. Doch woran es wirklich fehlt, sind mutige Entscheidungen, um sie zu verwirklichen. Die Verlängerung der Legislaturperiode von vier auf fünf Jahre in Österreich hat bisher nicht dazu geführt, dass in der längeren wahlkampffreien Zeit mehr bewegt worden ist.

Genau das wäre aber das Gegenrezept, um den Frust über die Politik nicht noch weiter anwachsen und den Rattenfängern nicht noch mehr Raum und Nährboden zu lassen. Nur wenn es ein Vakuum gibt, treten Gruppen auf, die von vordergründigem Protest leben, ohne eine gesamthafte Vorstellung zu haben, und den Menschen Orientierung geben. Die größte Gefahr für Österreichs Zukunft geht deshalb von einer Politik aus, die nicht die Kraft findet, sich den Hausaufgaben zu stellen und mit Konsequenz, Entschlossenheit und Hartnäckigkeit ihre Ziele zu verfolgen. Leider gibt es immer mehr Anpassungspolitiker und immer weniger Überzeugungspolitiker, deshalb ist ein Weckruf angebracht.

In den Nachreden auf Margaret Thatcher waren die Befunde in der Sache gemischt: Sie brach verkrustete Strukturen auf, machte durch Deregulierung und Liberalisierung die Londoner „City" aber auch zu einem Zentrum des von der Realwirtschaft entkoppelten Casino-Kapitalismus. Leadership wird man Thatcher nicht absprechen können – sie war eine Frau, die bestimmend für Großbritannien, Europa und die Welt war.

Unsere Wohlstandsgesellschaft, so ist manchmal zu hören, bringt nicht mehr jene Charaktere vom Format eines Winston Churchill, Willy Brandt, Helmut Schmidt oder François Mitterrand hervor, die – unter dem Eindruck der Erfahrungen der Weltkriege – jene für politische Führungsaufgaben so notwendige Entschlossenheit zur Gestaltung und Umgestaltung, aber auch zur Zusammenarbeit besessen haben. Insbesondere in Europa hadern wir mit dem Eindruck, dass das Führungspersonal schwächelt. David Cameron in Großbritannien führt trotz Mehrheitswahlrechts eine Koalition mit den Liberaldemokraten, die überdies bedrohlich wackelt. Der französische Präsident François Hollande hat schon ein Jahr nach seinem Antritt die schlechtesten Zuspruchwerte, die ein französischer Präsident je hatte. Dass Angela Merkel in Deutschland mit ihrer Partei in den Umfragen trotz aller zwischenzeitlichen Wahlniederlagen bei fast 40 Prozent liegt, gilt da schon als kleine Sensation.

Zweifelsohne sind die politischen Aufgaben heute schwieriger, weil das Umfeld komplexer und die Belastung größer geworden ist. Die Gesellschaft ist zersplitterter und diffuser, und daher haben die beiden großen Volksparteien an Gewicht gegenüber damals verloren, wie ja auch der Gewerkschaftsbund und die katholischen Kirche unter Mitgliederschwund leiden. Die Wählerschaft ist launischer und weniger bindungsbereit.

Wenn wir von Fehlanreizen oder fehlenden Anreizen im Sozialstaat gesprochen haben, so gilt das sicher auch für die

Politik selbst: Die Diskrepanz zwischen öffentlichem Sold und privater Remuneration ist sicher zu groß. Ein von unabhängigen Experten ausgearbeitetes Besoldungs- und Pensionsschema, das, ausgehend vom Bundespräsidenten, für alle öffentlichen Bezüge gilt und dem Souverän, also dem Wahlvolk, präsentiert und zur Genehmigung vorgelegt werden soll, ist deshalb wünschenswert. Damit könnten den immer wieder auftretenden Auseinandersetzungen über die im internationalen Vergleich ohnehin viel zu geringen Politikerbezüge ein Ende bereitet werden.

Doch die Bezahlung und die gestiegene Komplexität der Aufgaben allein können nicht die Erklärung dafür sein, dass immer weniger qualifizierte Menschen den Weg in die Politik einschlagen. Es gibt eine ganze Reihe von Ländern, die mit dem richtigen System und den richtigen Personen an der Spitze in den letzten Jahrzehnten große Sprünge vorwärts gemacht haben – einmal mehr sei hier an die skandinavischen Staaten erinnert. Der aktuelle US-Präsident Barack Obama, der eine beeindruckende Wende in der Industriepolitik seines Landes eingeleitet hat, ist ein besonders charismatisches Beispiel dafür.

Führungsfiguren tauchen immer wieder auf, bringen Dinge in Bewegung und reden sich nicht auf die widrigen Umstände, ob Konjunktur oder Medien, aus. Doch es gilt sie frühzeitig zu erkennen, zu ermutigen und systematisch zu fördern. Nur dann können sie den diversen Links- und Rechtsauslegern mit Kompetenz und der Fähigkeit, Perspektiven zu entwickeln, entgegentreten.

Populismus ist die falsche Antwort auf Populismus. Inserate und Unterhaltung in Klatschspalten und Fernsehshows bieten sicher keinen Halt. Das permanente Schielen nach Meinungsumfragen und Beliebtheitsrankings lähmt die Suche nach verlässlichen Antworten auf die schwierigen Fragen unserer Zeit. Lee Kuan Yew, der Staatsgründer Singapurs, sagt: „Wenn du damit beschäftigt bist, ob dein Rating besser oder schlechter wird, dann bist du kein Leader (...). Was das Volk zwischenzeitlich von mir hält, halte ich für total irrelevant." Eine solche Haltung und das Bestreben, Halt zu geben, ist eine mühevolle Aufgabe. An der Richtigkeit des Diktums von Max Weber, des großen deutschen Soziologen, hat sich nichts geändert: „Die Politik bedeutet ein starkes langsames Bohren von harten Brettern mit Leidenschaft und Augenmaß zugleich." Kurzsichtiger, kurzatmiger, kurzfristiger Populismus ist das Gegenteil davon.

5

DAS BILDUNGSWESEN MUSS
AUF DAS LEBEN IN DER DIGITALEN
REVOLUTION VORBEREITEN

Die industrielle Revolution hat ab Mitte des 18. Jahrhunderts
Muskelkraft durch Maschinen ersetzt. In der digitalen Revolution, in der wir uns befinden, wird Hirnkraft sukzessive
durch Rechenmaschinen ersetzt – nicht zur Gänze, so wie ja
auch die Muskelkraft nicht völlig bedeutungslos geworden
ist. Aber in immer mehr Bereichen werden Tätigkeiten, die
der Mensch bisher kraft seiner Intelligenz verrichtet hat, von
Computern ausgeführt oder durch diese verstärkt und sogar
übertroffen. Die Konsequenzen dieser Entwicklung sind noch nicht
abschätzbar. Unser Alltagsleben hat sich schon dramatisch
verändert. Den Sitzplatz im Flugzeug können wir nicht nur
elektronisch buchen, sondern auch mobil. Das gilt auch für
die Banküberweisungen oder den Kauf von Büchern,
Blumen, Gütern des täglichen Bedarfs. Unsere mobilen
Endgeräte können Berggipfel erkennen, die nächste Tank-
stelle anzeigen und die beste Route von A nach B errechnen.
Mathematische Algorithmen ersetzen Such- und Auswahl-
prozesse von Menschen. Wir sprechen nicht von einem
Randphänomen: 1,1 Milliarden Menschen weltweit besitzen
laut neuesten Angaben entweder ein Smartphone oder
einen Tablet-PC. Mobiltelefone gibt es bald so viele wie

Menschen: Das Erreichen der Sieben-Milliarden-Marke wurde noch für 2013 erwartet.

Die Auswirkung auf wesentliche Bereiche des Wirtschaftslebens, vor allem der Arbeitswelt, sind enorm: Für Schalterbeamte in den Banken, Reisebüroangestellte, aber zusehends auch „Wissensarbeiter" sind die allzeit griffbereiten Rechenmaschinen zur Konkurrenz geworden. Im Produktionsbereich schaffen Technologien wie der 3-D-Druck neue Möglichkeiten dezentraler Herstellung. Längst geht die Angst um, dass die digitale Revolution mehr Jobs vernichtet, als sie schafft. Doch diese Angst begleitete auch schon die industrielle Revolution. Neue Jobs im Dienstleistungsbereich und in neuen Industrien konnten die wegfallenden in der Produktion stets ersetzen. Auch diesmal wird die Revolution ihre Kinder nicht fressen, sondern ihnen neue Tätigkeitsfelder eröffnen.

Die Berufe von heute gibt es vielleicht morgen jedoch schon nicht mehr, oder wenn, dann in völlig veränderter Form. Auf den permanenten Wandel in der Berufswelt vorzubereiten – das ist eine Aufgabe aller Akteure im Bildungssystem. Ein Blick in die Vergangenheit hilft dabei zu verstehen, dass dieser Wandel prinzipiell nicht neu ist: In den zwanziger Jahren gab es in Wien noch den Tramwayschienen-Ritzenkratzer, der die Straßenbahnweichen reinigte. Wagner, Schmied, Buchdrucker – diese Berufe wurden von technologischen Entwicklungen überrollt. Was Dreher und Schweißer im Metallbereich machten, vollbringen heute elektronisch gesteuerte Anlagen.

Das Tempo der Veränderungen ist in der digitalen Revolution jedoch höher geworden. Wir können nur annehmen, dass manche Berufe, die es zum Zeitpunkt des Schuleintritts heutiger Kinder noch gibt, nicht mehr existieren, wenn sie als junge Menschen dann in das Berufsleben eintreten. Und wir können annehmen, dass es dann neue Berufsbilder gibt, die heute erst in Umrissen erkennbar sind. Der lebenslange Job in einem Unternehmen oder auch nur in einer Branche wird zunehmend zur Illusion.

Nur wer Qualifikationen erwirbt und sie ständig auffrischt, hat die Voraussetzung, wettbewerbsfähig zu bleiben oder es zu werden. Damit wir aber die digitale Revolution zu nutzen in der Lage sind, muss sich das Bildungswesen gravierend ändern. Nicht so sehr die Prüfungsergebnisse zählen heute und in der Zukunft, sondern die Fähigkeit, sich dem schnellen Wandel anzupassen. Wir sollten unsere Kinder „innovation ready" und nicht so sehr „college ready" machen, wie Tony Wagner von der Harvard Graduate School of Education das treffend formuliert.

Aus diesem Grund muss der Beruf des Pädagogen selbst neu definiert werden. Vielfach werden neue, bahnbrechende Erkenntnisse aus den diversen Fachgebieten im Laufe eines Lehrerlebens nicht ausreichend und nicht schnell genug in den täglichen Unterricht aufgenommen. Es geht ohnehin weniger um das Einbläuen und Wiederkäuen von Wissen, sondern immer mehr um die Vermittlung der Fähigkeit, wo man die gefragten Inhalte findet, wie man die Spreu vom Weizen trennt und was man daraus machen kann. Die Halbwertszeit des Wissens wird ja auch immer kürzer: Hatte Gottfried Wilhelm Leibniz im 17. Jahrhundert noch eine vollständige Übersicht über das gesamte Wissen seiner Zeit, ist heute das Wissensvolumen so groß, dass die Eintrichterung lexikalischer Inhalte geradezu absurd erscheint. Zur Lehrer-Profession gehören deshalb mehr denn je auch pädagogisch-didaktische Fähigkeiten und die Begeisterung, mit jungen Menschen zu arbeiten. Die Lehrer der Zukunft sind Motivatoren und Moderatoren. Und die moralisch-ethische Funktion der Pädagogen wird noch wichtiger werden: Nicht alles, was technologisch möglich ist, ist auch nützlich, geschweige denn moralisch zu rechtfertigen. Nicht jeder Schritt ist ein Fortschritt. Denn auch mit den digitalen Instrumenten des 21. Jahrhunderts verhält es sich wie mit einem Messer: Dieses kann nützlich sein, wenn man es richtig anwendet – es kann aber auch verletzen oder gar töten.

Um all diese Qualifikationen zu gewährleisten, braucht es eine entsprechende Reform der Lehrerausbildung, verbunden mit einer Auswahl der bestgeeigneten Kandidaten. In Finnland, einem der Musterländer in der Pädagogenausbildung, gab es 2010 rund 6.600 Bewerber für das Lehramt. Nur ein Zehntel wurde in den Aufnahmetests ausgewählt. In Österreich wird erst jetzt zaghaft mit einer Ausbildungsreform begonnen. Das Wettbewerbselement sollte dabei noch mehr forciert werden. Der Arbeitsplatz Schule sollte für die Pädagogen kein geschützter Bereich sein, sehr wohl aber ein ganztätiger Bereich der Stabilität und Entfaltungsmöglichkeit, der faire Arbeitsbedingungen bietet.

Die allerwichtigste Voraussetzung bleibt jedoch, dass Lehrerinnen und Lehrer die jungen Menschen gernhaben und dass sie ihren Beruf als Berufung verstehen. Ist das gegeben, führen viele Wege nach Rom.

Im Zuge einer umfassenden Bildungsreform würde das Lehrpersonal, das in der öffentlichen Diskussion stets in die Schusslinie gerät, endlich wieder die berechtigte gesellschaftliche Anerkennung finden. Denn wenn einmal klar ist, dass die Schule nur so gut wie ihre Lehrer sein kann, ist auch die große Bedeutung dieses Berufs in der Vorbereitung der nachwachsenden Generationen auf die gewaltigen Zukunftsaufgaben evident. Mit dieser wieder gewonnenen Reputation wäre es auch leichter, die nötige Disziplin in den Schulen sicherzustellen.

Es gibt viele ausgezeichnete Lehrer, die von ihrer Standesvertretung zu Unrecht in Geiselhaft genommen werden. Um ihre Stärken ausspielen zu können, brauchen sie freilich umfassend Hilfe: durch Fremdsprachenlehrer, Psychologen, Behinderten- und Migrantenpädagogen, Streetworker und qualifizierte Personen, die alle Lehrkräfte von Verwaltungsaufgaben entlasten.

Dass das heutige Gefüge nicht stimmt, beweist der Umstand, dass wir heute fast doppelt so viele Lehrer wie in den siebziger Jahren haben, aber weniger Kinder. Der Rechnungshof hat festgestellt, dass die Besoldungskosten für Landeslehrer in den allgemein bildenden Pflichtschulen zwischen 2006 und 2010 um zehn Prozent gestiegen sind, während die Schülerzahlen um fast sieben Prozent zurückgegangen sind. Dennoch blüht der Markt für Nachhilfe, der in Österreich auf 160 Millionen Euro pro Jahr geschätzt wird und beträchtliche Ungerechtigkeiten schafft.

Neurowissenschafter, Bildungsforscher und Pädagogen sagen uns überdies seit Langem: 180 Tage pro Jahr im Halbtagsunterricht und im preußischen Kasernenrhythmus von 50 Minuten, den Maria Theresia seinerzeit übernommen hat – das kann im 21. Jahrhundert nicht mehr funktionieren. Diese formelle Starre nimmt den Kindern die Freude, die Eltern sind frustriert, die Lehrer angesichts neuer Aufgabenstellungen, die sich nicht ins alte System zwängen lassen, überfordert. Zugegebenermaßen sind die Aufgaben erheblich komplexer geworden. Denn Eltern und Lehrer werden heute mit den Schattenseiten der Digitalisierung konfrontiert: Da werden Milliarden an SMS mit mehr oder weniger unbedeutendem Inhalt hin und her geschickt, das stundenlange Hängen vor dem Computer führt zu Entsozialisierung, und obendrein fehlen am Ende häufig Zeit und Wille, um ein Buch zu lesen, ins Theater, Konzert oder in die Oper zu gehen. Vor diesen Begleiterscheinungen zu kapitulieren, wäre aber der Anfang vom Ende jeder Erziehung und (Aus-)Bildung.

Die Elementarpädagogik wurde früher oft als Kindergartenpädagogik belächelt, bei der es noch nicht um den „Ernst des Lebens" geht. Doch heute ist klar, dass eine Reform des gesamten Bildungsbereichs in den frühkindlichen Jahren beginnen muss. Englisch, die Sprache, die jeder Europäer als Zweitsprache beherrschen sollte, muss ebenso im Kindergarten – in der Volksschule sowieso – vermittelt werden wie die Begeisterung für die naturwissenschaftlichen Fächer. Wenn heute oft geklagt wird, dass sich zu wenige Österreicher für Materialwissenschaften, Mechatronik oder Molekularbiologie, also insgesamt die MINT-Fächer (Mathematik, Informatik, Naturwissenschaften, Technik), interessieren, dann ist das ein Ergebnis eines zu langen Festhaltens an veralteten pädagogischen Konzepten und Berufs-Rollenbildern. Kindergärten müssen zu „Häusern der Forschung" umgewandelt werden, in denen die Neugierde für das Wunder der Natur schon bei den jungen Menschen geweckt wird. Auch in den Volksschulen müssen von Beginn weg viel mehr Forschungslabors eingerichtet werden.

Bis die Früchte solcher Maßnahmen geerntet werden können, dauert es in der Regel etwa ein Jahrzehnt. Weil Österreich seit 2000 in vielen Bildungsbereichen deutlich zurückgefallen ist, ist es höchste Zeit, wieder aufzuholen.

Ein Hauptproblem unseres Bildungssystems ist nach wie vor, dass zu früh ausgesiebt wird – aber nicht nach Talenten, sondern nach Herkunft. Wer mit zehn Jahren entweder in die Hauptschule oder ins Gymnasium geschickt wurde, dessen Entfaltungs- und Einkommensschancen wurden durch diese Entscheidung auch gravierend mitbestimmt. In Zeiten ständig steigenden Innovationswettbewerbs und sinkender Geburtenraten können wir es uns aber gar nicht mehr leisten, Talente *nicht* zu entdecken oder angemessen zu fördern.

Die bisher gesetzten Maßnahmen für den Ausbau der verschränkten Ganztagsschule sind, trotz gegenteiliger Beteuerungen der amtierenden Politiker, jedoch halbherzig geblieben. Eingeführt wurde eine homöopathische Dosis mehr Nachmittagsunterricht – aber von einem echten, verschränkten Ganztagsunterricht kann nicht die Rede sein. Von 6.000 Schulen in Österreich sind 126 echte Ganztagsschulen.

Die Verhinderer sitzen in der Lehrergewerkschaft: Das Vetorecht der Lehrer für die Ganztagsschule läuft auf eine

Blockade hinaus. Und dass die Pädagogen auf Initiative ihrer Standesvertretung noch dazu ein Wahlrecht zwischen altem und neuem Dienstrecht eingeräumt bekommen sollen, wirft die bittere Frage auf, ob die Schule für die Lehrer da ist oder doch für die Schüler da sein soll.

Natürlich fehlt es auch an Räumlichkeiten für ganztägige Schulformen. Bildung ist schlicht auch eine Ressourcenfrage: Im Laufe der Jahre sind die Bildungsausgaben in Österreich von 6,2 auf 5,4 Prozent des Bruttoinlandsprodukts gesunken – und davon versickert noch immer viel zu viel in der Schulorganisation. Ein großer Teil des Geldes erreicht wegen des Kompetenz-Wirrwarrs und der Zersplitterung unseres Schulsystems die Schüler erst gar nicht. Von einem Euro, der ins Bildungssystem fließt, kommen laut OECD nur 50 Cent im Unterricht an. In der Schulbürokratie gibt es folglich beträchtliche Effizienzreserven. Obwohl Österreich eines der teuersten Systeme der Welt hat, fallen wir bei den Ergebnissen seit Jahren zurück. Wir leisten uns parallele Organisationsstrukturen, streichen aber Stunden fürs Turnen, Skikurse oder Reisebudgets für Sprachkurse.

Dreißig Prozent der 15-Jährigen können heute nicht mehr sinnerfassend lesen. Sie erreichen deswegen keine Berufsausbildung, ihre Karrieren als Sozialhilfe-Empfänger sind vorgezeichnet. Anstatt im Nachhinein Unsummen zur Reparatur der Defizite hineinzubuttern, etwa durch teure Umschulungsmaßnahmen in der Arbeitsmarktpolitik, wäre das Geld, zur richtigen Zeit am richtigen Ort eingesetzt, in früheren Lebensphasen besser investiert.

Der tertiäre Bildungsbereich bekommt die Versäumnisse in den Bildungsstufen davor gleichsam durchgereicht: So wie die Wirtschaft über nicht ausbildungsfähige Lehrlinge klagt und „Nachhilfe" in Sachen Hauptschulmathematik oder -chemie bereitstellen muss, berichten auch die Universitäten seit geraumer Zeit über ein sinkendes Niveau der Maturanten.

Daher ist es geradezu fahrlässig, dass die Hochschulen und viele Wissenschaftsinstitutionen, darunter die Österreichische Akademie der Wissenschaften, seit mehr als zehn Jahren finanziell desaströs unterfinanziert sind. Ein paar Zahlen dazu: In Bayern mit seinen zwölf Millionen Einwohnern werden 18 öffentliche Universitäten und Kunsthochschulen betrieben. Die Zahl der Studierenden beträgt insgesamt 185.000. Die öffentlichen Ausgaben für die Universitäten belaufen sich auf etwa vier Milliarden Euro. Zum Vergleich: Österreich leistet sich insgesamt 21 Universitäten und rund 282.000 Studierende mit einem Hochschulbudget von gerade einmal 2,5 Milliarden Euro. Bei uns werden also mehr Studierende ausgebildet und müssen mehr Institutionen erhalten und verwaltet werden – und dennoch steht dafür nur etwas mehr als die Hälfte des bayerischen Budgets zur Verfügung.

Bei den naturwissenschaftlichen Fächern fällt der Vergleich mit den erfolgreichen Nachbarregionen ebenso wenig schmeichelhaft aus: Hatte die Technische Universität München mit 24.000 Studierenden im Haushaltsjahr 2010 rund 550 Millionen Euro zur Verfügung, belief sich das Budget der TU Wien bei annähernd gleich vielen Studierenden auf nur 267 Millionen Euro. Während auf einen Professor an der

ETH Zürich, die zu den besten Hochschulen der Welt zählt, durchschnittlich 34 Studierende kommen, sind es an der TU München 55, in Wien aber 150. Nicht nur aus diesen Gründen ist die Drop-out-Quote gigantisch: Nur 44 Prozent der Studierenden erreichen nach zehn (!) Jahren Studienzeit einen Abschluss. Vielfach wird auch nur inskribiert, um die sozialen Begünstigungen, die „Wohlfahrtsgoodies", zu lukrieren. Es sind Fakten wie diese, die zu einem Abrutschen Österreichs in internationalen Innovationsvergleichen führen. Keine unserer Universitäten liegt unter den Top 100 der Welt. In der aktuellen Ausgabe des *Innovation Union Scoreboard* der Europäischen Union liegen wir unter den EU-27-Ländern auf Rang neun. 2010 und 2011 lag Österreich jeweils auf Rang acht, 2009 waren wir sogar noch auf Rang sechs platziert. Die Autoren dieser Studie kategorisieren uns als „innovation followers", was optimistisch als „knapp hinter der Spitzengruppe", kritisch als „abgeschlagen im Mittelfeld" gedeutet werden kann. Unterdurchschnittlich im Vergleich mit den EU-27 sind etwa die Verfügbarkeit von Risikokapital oder das Volumen von wissensintensiven Dienstleistungs-Exporten. Doch im Vergleich zu den vier „innovation leaders" – Schweden, Deutschland, Dänemark und Finnland – fehlt uns vor allem auch ein entschieden kultiviertes Innovationsklima.

Damit Bildung und Innovation einen zentralen Stellenwert in einer Gesellschaft einnehmen können, brauchen sie auch Aufmerksamkeit und eine angemessene Infrastrukturausstattung. Nur dann kann es gelingen, die nötigen Ressourcen freizusetzen. Doch Menschen, die Bildungsthemen aufgreifen und sich öffentlich für Innovationsthemen einsetzen, haben es in Österreich seit jeher schwer, Gehör zu finden. Der Stolz auf Wissenschaftler, oder allgemeiner: auf Erneuerer und Innovatoren war nie sehr stark ausgeprägt. Sportler, Baumeister oder Vertreter der volkstümlichen Musik haben es in der Alpenrepublik bedeutend leichter, Anerkennung zu finden.

Eine in weiten Teilen der Gesellschaft tief sitzende Aversion gegen neue Technologien, die sich auch in den Bewegungen gegen das Atomkraftwerk Zwentendorf, gegen Gentechnik oder aktuell gegen die Fracking-Technologie zur Förderung von Schiefergas manifestiert, führt dazu, dass es schwer ist, junge Menschen für die so notwendigen MINT-Fächer zu begeistern.

Die schon beschriebene Ehe zwischen Thron und Altar in der Monarchie, in der sich eine katholisch-kleinbürgerliche Muffigkeit wie Mehltau über die Gesellschaft legen konnte, ist sicher mit eine Wurzel für diese weit verbreitete technik- und geistesaverse Grundhaltung. Für Musik und Kasperltheater, für das Leichte und das Hanswurstige, hat es immer genug öffentliche Aufmerksamkeit gegeben. Doch es dauerte beispielsweise bis zum Ende des 19. Jahrhunderts, bis die ersten innovativen österreichischen Philosophen auf die Bühne traten.

Dabei war im Speziellen Wien ein Raum, von wo aus bedeutende Denkbewegungen des 20. Jahrhunderts ihren Anfang genommen haben: in der Philosophie rund um Moritz Schlick, Karl Popper und Ludwig Wittgenstein; in den Wirtschaftstheorien mit Carl Menger, Ludwig von Mises, Friedrich von Hayek, Fritz Machlup, Eugen Böhm von Bawerk, Friedrich von Wieser, Gottfried Haberler, Josef Alois Schumpeter, Oskar Morgenstern und Peter F. Drucker; in der Mathematik mit Rudolf Carnap, Otto Neurath, Hans Hahn, Karl Menger und Abraham Wald; in der Logik mit Kurt Gödel, Herbert Feigl und Friedrich Waismann; in der Soziologie mit Paul Lazarsfeld und Hans Zeisel; in der Physik mit Erwin Schrödinger, Victor Franz Hess und Lise Meitner; in der Psychoanalyse mit Sigmund Freud; in der Individualpsychologie mit Alfred Adler; in der Psychiatrie mit Julius Wagner-Jauregg; in der Medizin mit Lorenz Böhler, Karl Landsteiner und Otto Loewi; in der Musik mit Gustav Mahler, Arnold Schönberg, Alban Berg, Anton von Webern, Ernst Krenek, Hanns Eisler, Franz Lehár, Emmerich Kálmán, Edmund Eysler und Robert Stolz; in der darstellenden Kunst mit Gustav Klimt, Egon Schiele, Oskar Kokoschka und Alfred Kubin; in der Literatur mit Stefan Zweig, Joseph Roth und Robert Musil; in der Dramaturgie mit Max Reinhardt; in der Architektur mit Otto Wagner, Kolo Moser, Josef Hoffmann, Adolf Loos und Clemens Holzmeister – um nur einige zu nennen.

Sie alle und viele mehr wirkten im alten Österreich und fanden sich nach 1918 in der Republik Österreich wieder. Charakteristischerweise stehen diese österreichischen Denker meist offenen Systemansätzen nahe, deren Konzeption sich gegen die bislang behauptete österreichische Feindschaft gegen das rein Abstrakte und gegen das Aufbrechen von Tabus wendet und stattdessen ein integratives, interdisziplinäres Denken favorisiert. Dieses Denken war für die vom Wiener Philosophen Karl Popper entwickelte Konzeption einer „offenen Gesellschaft" ebenso bedeutsam wie die vom Biologen Ludwig von Bertalànffy entwickelte Theorie offener Systeme oder für das dichterische Werk von Hermann Broch. Sie alle machten auf diese Weise eine spezifisch österreichische Weltsicht deutlich. Der „therapeutische Nihilismus", wie ihn die Wiener Medizinische Schule im 19. Jahrhundert entwickelte, und das naturwissenschaftliche Prinzip der Skepsis wurde von Popper auch in den Disziplinen der Philosophie und der Sozialwissenschaften eingefordert.

Viele dieser großen Philosophen, Literaten und Wissenschaftler gingen Österreich im Zuge der beiden Weltkriege, durch Emigration oder Vertreibung, verloren, etwa Kurt Gödel, Eric Kandel und Carl Djerassi – ein geistiger Aderlass, von dem sich Österreich nie mehr wieder wirklich erholen konnte.

Dabei gab es in der Ersten Republik durchaus erste Ansätze, den Stolz auf österreichische Tüftler auch mit dem Stolz auf das Land zu verbinden. Mit der ab 1918 erfolgten Ausstattung des Technischen Museums in Wien wurden den herausragenden Erfindern des Landes erste Denkmäler gesetzt. Die österreichische Ingenieurskunst hatte bis dahin schon viele praktische Produkte hervorgebracht, die über eine Fachöffentlichkeit hinaus Bewunderung erregten: von der Schreibmaschine bis zur Kaplan-Turbine.

Forscher, vor allem die Grundlagenforscher, hatten es dagegen immer schwer, selbst nach ihrem Tod im eigenen Land jene Anerkennung zu finden, die sie oft weltweit zu diesem Zeitpunkt schon hatten. Dieses Muster ist geblieben: Die großen Innovatoren der Wissenschaft und Kunst bekommen ihren Applaus zuerst meist im Ausland, ehe sie auch in Österreich „entdeckt" werden. Ein durchaus typisch österreichisches Schicksal erlitt etwa Sigmund Freud, der Erfinder der Psychoanalyse: Im eigenen Land galt er nie viel, in den USA erlangte er höchste Geltung. Welches Land aus dieser Konstellation den größeren Nutzen gezogen hat, mag so wie bei der Wiener Schule der Nationalökonomie dahingestellt bleiben. Man könnte den Bogen hier bis zum Molekularbiologen Josef Penninger, zum Quantenphysiker Anton Zeilinger und zum Oscar-Preisträger Michael Haneke spannen: Erst mit ihren unübersehbaren internationalen Erfolgen hat man sie auch in Österreich hofiert.

Öffentliche Wertschätzung ist heute das Um und Auf für ein intaktes Innovationsklima. Wenn führende Politiker eines Landes hintreten und sagen würden, ihr Ziel sei es, das Land zu einer Innovationshochburg der Welt zu formen, wie das beispielsweise Singapur erfolgreich getan hat, wäre das ein Signal, das über den reinen Mitteleinsatz hinaus ausstrahlt und verstanden wird. Österreich hat seine Aufwendungen für Forschung in den letzten Jahrzehnten beachtlich gesteigert: auf aktuell 2,8 Prozent des Bruttoinlandsprodukts. Im Selbstverständnis ist das noch nicht angekommen. Demonstrativer Stolz auf Neuerungen made in Austria, egal in welchen Lebensbereichen, statt eines dahingeraunzten „Wozu brauchen wir das?" – das wäre eine wünschenswerte Eigenschaft.

Die Forschungspolitik hat dafür zu sorgen, dass Erfindungen auch zu Innovationen werden – durch eine enge Verschränkung von Forschungsinfrastruktur, Förderwesen und praxisnaher Umsetzung. Die österreichische Innovationsgeschichte kennt viele Beispiele genialer Tüftler, die an der Verwertung gescheitert sind. Joseph Madersperger, der Erfinder der Nähmaschine, einer bahnbrechenden Neuerung, musste vor seinem Tod als Obdachloser das Versorgungsheim von Sankt Marx beziehen. Auch Johann Kravogl, dem Erfinder des elektrischen Kraftrades, gelang es zu Lebzeiten nicht, eine gesicherte Existenz aufzubauen. Das Patent von Peter Mitterhofers Schreibmaschine wurde nicht in Wien, sondern in den USA verwertet.

Erst die tatsächliche Nutzung, also Akzeptanz in der Gesellschaft, unterscheidet eine Innovation von einer bloßen Erfindung. Für die „weichen Faktoren" dieses Prozesses – für Inspiration, Motivation und Geduld – muss das Bildungssystem die Weichen stellen.

Mehrmals wurde in dieser Schrift bereits der schwedische und der Schweizer Reformweg als ein auch für Österreich empfehlenswerter erwähnt. Das gilt insbesondere auch für den Innovationsbereich: In diesen Ländern wurde der bestmögliche Zugang von Unternehmen, Forschungseinrichtungen und Bildungsstätten zum Kommunikationsnetz zeitgerecht in die Wege geleitet. Eine enge Kooperation zwischen den Unternehmen und Universitäten ist auf eine vorbildhafte, beide Teile befruchtende Weise geglückt.

„Es gibt", sagt John Kenneth Galbraith, „keinen gebildeten Staat, der arm ist, und es gibt keinen ungebildeten Staat, der irgendetwas anderes als arm ist." Wie sich ihre einzelnen Bewohner gebildet haben, entscheidet schließlich auch darüber, ob und wie sich die einzelnen Staaten wettbewerbsfähig halten können. Und so wie die modernen Staaten zu permanenten Reformen verpflichtet sind, sind ihre Bürger in der digitalen Revolution zu permanenter Weiterbildung verpflichtet: Nur wer sich adäquate Qualifikationen erwirbt und sie ständig erneuert und weiterentwickelt, hat die Voraussetzung, im Wettbewerb zu bleiben.

Die Digitalisierung bietet viele Chancen. Natürlich verleitet sie zur Bequemlichkeit: So wie die industrielle Revolution den Anteil körperlicher Bewegung im Arbeitsleben reduziert hat, so könnte sich der Grad geistiger Beweglichkeit ebenso verringern, wenn uns Computer das Denken abnehmen. Doch auf der anderen Seite eröffnen etwa Internet-Vorlesungen von exzellenten Wissensvermittlern bisher ungeahnte Möglichkeiten, um weltweit vernetzte Fortbildung zu etablieren. Sinnvoll eingesetzt und durch ein umfassend reformiertes Bildungssystem vermittelt, können digitale Hilfsmittel dazu beitragen, Bildung und Ausbildung zu reformieren und so zu einer profunden Weiterentwicklung unserer Gesellschaften beitragen.

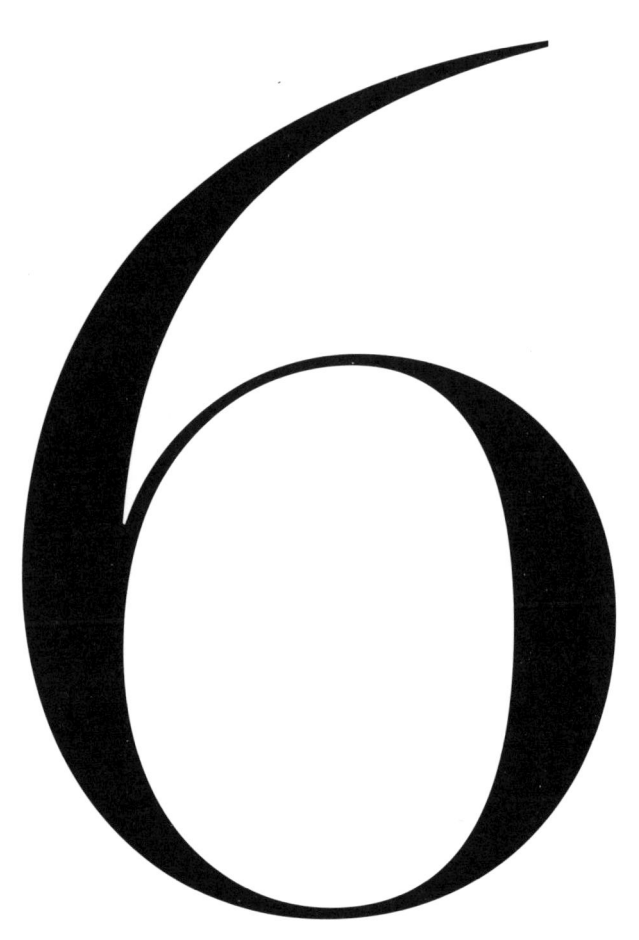

DAS WUNDER DER INTERNATIONALISIERUNG – UND WIE MAN ES VERLÄNGERN KANN

Wenn eine Zahl die wirtschaftliche Robustheit Österreichs auf den Punkt bringt, dann lautet sie 123,5 Milliarden. So hoch ist der Wert der von Österreich im Jahr 2012 in die Welt exportierten Güter – dank einer leistungs- und konkurrenzfähigen Industrie mit vielen „Hidden Champions". In den 123,5 Milliarden enthalten sind Maschinen made in Austria für die deutsche Industrie ebenso wie Energydrinks für Supermärkte in den USA und Konstruktionen für den U-Bahn-Bau in Aserbaidschan. Dass diese Zahl bereits wieder deutlich über jener des bisherigen Rekordjahres 2008 liegt, spricht für eine prinzipiell gesunde wirtschaftliche Grundstruktur des Landes. Diese industrielle Basis und Standortattraktivität gilt es zu erhalten und zu fördern.

1913, am Vorabend des Ersten Weltkriegs, exportierte die österreichisch-ungarische Monarchie pro Kopf der Bevölkerung nur knapp ein Drittel dessen, was Frankreich und Deutschland ausführten, Großbritannien mit Irland exportierte 4,5-mal so viel je Einwohner. Nur das russische Zarenreich wies eine geringere Exportintensität auf. Natürlich spiegelt sich in den Zahlen das Fehlen eines Kolonialreiches. Doch auch die verspätete und halbherzige Industrialisierung der Monarchie, deren Gründe schon in vorigen

Abschnitten beschrieben worden sind, war mit ein Grund, dass wir hinterherhinkten.

Heute exportiert Österreich pro Kopf rund 15.400 Euro, der Exportweltmeister Deutschland liegt bei 13.600 Euro, Frankreich bei 6.900 Euro, Großbritannien ohne Irland bei 6.100 Euro. Russland führt umgerechnet knapp über 4.000 Euro pro Kopf aus. Deutlich vor uns liegen die Schweiz (22.300 Euro) und Norwegen (24.700 Euro). Holland und Belgien, Länder mit bedeutenden Häfen, erzielen Spitzenwerte von 29.000 bzw. 32.000 Euro pro Kopf. Insbesondere für kleine Volkswirtschaften ist ein florierender Außenhandel der Königsweg geworden, um in einer vernetzten Weltwirtschaft zu punkten.

Der in den achtziger Jahren begonnene Internationalisierungskurs trägt Früchte, auch wenn im Ausland oft nicht bekannt ist, dass es sich um Waren aus Österreich handelt. Konsumgüter-Marken wie Swarovski und Red Bull werden längst als Weltmarken „ohne Herkunft" wahrgenommen. Eine ganze Legion von mittelständischen Betrieben hat mit ihren Erzeugnissen in technologischen Nischen Weltmarktführerschaft erreicht: die Spritzgussmaschinen von Engel aus Schwertberg, die Seilbahnen von Doppelmayr aus Wolfurt, die Bahnbaumaschinen von Plasser & Theurer aus Linz etc. Zahlreiche Unternehmen gelten zurecht als „Hidden Champions", die im Stillen ihre erfolgreichen Aktivitäten entfalten: die Beschlägefirma Julius Blum aus Vorarlberg, die Metall- und Verbundwerkstoffgruppe Plansee aus Tirol, die auf Wasseraufbereitungsanlagen spezialisierte BWT aus Oberösterreich. Laut einer Berechnung des Strategieexperten Hermann Simon hat Österreich annähernd so viele dieser unbekannten Weltmarktführer pro Millionen Einwohner (13,8) wie die Schweiz (13,9). Deutschland führt mit 16,0 die Tabelle an, Schweden liegt bei 5,4, die Niederlande bei 1,7.

Wie ist es zu dieser Mentalitätsänderung gekommen? Noch Anfang der achtziger Jahre hatten Experten wieder und wieder darauf hingewiesen, dass die österreichischen Warenexporte pro Kopf, gemessen an vergleichbaren Ländern, zu gering sei, der Exportradius zu klein, aber auch die Einbindung in den internationalen Flugverkehr, trotz aller Erfolge der AUA, ungenügend. Die Weichen für den Aufholprozess wurden in den sechziger und siebziger Jahren gestellt. Mentalitätsmäßig war das gebetsmühlenartig vorgetragene „Exportare necesse est" vieler Repräsentanten der Wirtschaftspolitik ab den sechziger Jahren – allen voran der langjährige Industriellenpräsident Franz Josef Mayer-Gunthof – eine gute Vorbereitung. Und als ökonomische Rosskur darf die in den siebziger Jahren begonnene Hartwährungspolitik gelten, die ja so etwas wie eine paradoxe Intervention war – sie erfolgte vor dem Hintergrund eines Leistungsbilanzdefizits. Der große Internationalisierungsschub erfolgte dann durch die zwei historischen Ereignisse von 1989 und 1995: den Fall des Eisernen Vorhangs und den Beitritt zur Europäischen Union.

Fast die Hälfte der österreichischen Außengrenze war entlang der geopolitischen Trennlinie zum „Ostblock" hin verlaufen. Danach setzte eine beispiellose Expansion ein, vornehmlich in die ehemaligen Kronländer der Monarchie. Österreichische Handelsketten eröffneten Niederlassungen in Prag, Budapest, Krakau, Ljubljana, die Banken kauften Schlag auf Schlag Institute in den Nachbarländern, Industriebetriebe errichteten Fabriken auf der grünen Wiese. Die AUA knüpfte ein einzigartig dichtes Netzwerk zu den Destinationen im neuen Europa: von Varna bis Dnjepropetrowsk, von Warschau bis Belgrad. Österreich hat sich nach der Ostöffnung in vielen dieser Länder zum größten Auslandsinvestor hochgearbeitet: in Slowenien, Kroatien, Serbien, Rumänien und Bulgarien. Mit den EU-Erweiterungsrunden 2004 und 2007, in denen neben Polen erst auch unsere Nachbarländer Tschechien, Slowakei, Ungarn und Slowenien der Union beitraten, drei Jahre später auch Bulgarien und Rumänien, wurden die Rechtssicherheit und Wachstumsfantasie in diesen Ländern noch einmal schlagartig erhöht.

Schon davor hatte uns der eigene EU-Beitritt im Jahr 1995 beflügelt. Der Wettbewerb hat mehr und mehr Unternehmen dazu gezwungen, heraus aus der Bequemlichkeit in die europäischen und später verstärkt auch in die außereuropäischen Märkte zu gehen. Im Jahr des Beitritts hatte das Exportvolumen noch 42,4 Milliarden betragen, das entsprach rund einem Drittel der damaligen Wirtschaftsleistung. 2012 war es mit den erwähnten 123,5 Milliarden Euro bereits fast dreimal so viel, das sind rund 58 Prozent der gesamten Wertschöpfung. Damit liegt Österreich auch deutlich über dem Durchschnitt der 27 EU-Staaten von 42,4 Prozent. Der österreichische Außenhandel ist so zu einer wesentlichen Stütze der Volkswirtschaft geworden.

Hatte noch in den achtziger Jahren das strukturelle Handelsbilanzdefizit, insbesondere durch die schlechte Teilbilanz bei landwirtschaftlichen Produkten, Energie, Maschinen, Verkehrsmitteln und Konsumgütern, noch etwa vier Prozent des Bruttoinlandsprodukts betragen, so gab es 2002 und 2007 sogar leichte Überschüsse in der Handelsbilanz. Die Leistungsbilanz, die auch Dienstleistungen und vor allem den Tourismus – als Tourismusland haben wir weltweit laut World Economic Forum aktuell Rang drei inne – miteinschließt, ist seit 2002 nun durchgehend positiv.

Die Euphorie über die von Jahr zu Jahr wachsenden Exporterfolge hat jedoch auch strukturelle Mängel zugedeckt, die seit vielen Jahrzehnten bestehen. Fast parallel zu den Exporten sind auch die Importe gestiegen. Ein großer Teil davon sind noch immer die Energieimporte: Österreich verbraucht deutlich mehr Energie, als es erzeugt. Das Land importiert Atomstrom aus der EU, Gas aus Russland und Öl aus dem arabischen Raum. Das Fehlen einer Energiepolitik rächt sich. Von einem früheren Strom-Exporteur sind wir zu einem Strom-Importeur geworden. Im Jahr 2000 wurden noch um 1,4 Gigawattstunden Strom mehr erzeugt, als für den eigenen Verbrauch erforderlich war. In den vergangenen Jahren wurden dagegen zwischen 0,8 und 6,4 Gigawattstunden des Stromverbrauchs durch importierten Strom abgedeckt.

Während die Internationalisierung geglückt ist, haben wir Zeit und Chancen beim weiteren Ausbau der Wasserkraft als umweltfreundlichste und ständig erneuerbare Energiequelle verstreichen lassen. Hoch geförderte Ökostrom- und Biotreibstoffprojekte waren und sind ein Irrweg. Auch im Sinne einer weiteren Stärkung der Leistungsbilanz ist es deshalb höchste Zeit für eine überlegte, umsetzungsstarke Energiepolitik.

Warum die wirtschaftliche Ausbreitung in die Länder Mittel- und Osteuropas so rasch gelingen konnte, ist einen kleinen Exkurs wert.

Seit dem frühen Mittelalter war dieses Österreich ein Ort, an dem einander Ost und West, Nord und Süd begegneten. Nicht immer waren diese Begegnungen friedlicher Natur. Doch spätestens mit der Heirat von zwei Babenbergern mit byzantinischen Prinzessinnen wurde auch die heute gepflegte Tradition von Wien als Zentrum der Begegnung zwischen Ost und West begründet. Heiratsallianzen zwischen dem neu emporgekommenen westlichen und dem traditionsbeladenen östlichen Herrschertum waren bis dahin selten gewesen.

Im 16. und 17. Jahrhundert war Österreich, ständig bedroht durch die türkischen Expansionsbestrebungen, das Bollwerk des Abendlandes nach Osten hin. Der, wenn auch kriegerische, Kontakt mit der hochentwickelten Kultur des Orients hinterließ zweifelsohne in der österreichischen Identität seine Spuren ebenso wie der Dreißigjährige Krieg und die Auseinandersetzungen mit Frankreich, Italien und Preußen.

Die Wiederentdeckung Mitteleuropas, die seit den achtziger Jahren eine etwas romantische Renaissance erfahren hat, reicht über den Raum des heutigen Österreich hinaus, von Mailand bis Czernowitz, von Krakau bis Triest, von Zagreb bis Bregenz, von Regensburg bis Sirmium, es umspannt die ehemals vorderösterreichischen Länder genauso wie Ungarn, die Slowakei, Böhmen, Bayern, Südtirol oder Graubünden. Die staatliche Zugehörigkeit, durchaus wechselvoll im Lauf der Geschichte, war für die Bewohner dieses Mitteleuropa immer das eine. Das andere war die gemeinsame Geschichte, auf die man sich berufen – und die man wieder entdecken – konnte.

Heute beträgt der Anteil der Ausfuhren in die mittel- und osteuropäischen Staaten an den österreichischen Gesamtexporten 18 Prozent. Das ist noch immer deutlich niedriger als der Anteil Deutschlands; und in den nächsten Jahren werden aus diesen Staaten geringere Impulse kommen. Infolge der problematischen Situation in einigen Ost-Ländern haben auch einige österreichische Unternehmungen, die stark in die Region expandiert sind, zuletzt Federn lassen müssen.

Doch selbst wenn es da und dort Rückschläge gegeben hat und geben wird – auch weil zum Teil mit einer Goldgräber-Attitüde in diese Länder gegangen wurde –, wäre ein Rückzug aus dieser Sphäre nicht nur wirtschaftlich, sondern auch geopolitisch falsch. Mit der Ostöffnung wurde Österreich die Logik der Geographie zurückgegeben. Diese gilt es zu nutzen.

Am Beispiel der österreichischen Banken lassen sich die Chancen und Risken dieser Entwicklung gut zeigen. Die monetäre Begleitung der international tätigen Kunden war schon vor der Ostöffnung eine Spezialität der Creditanstalt (CA), 1855 auf Initiative des damaligen Finanzministers Carl Ludwig Freiherr von Bruck gegründet, gewesen, die unter ihrem Generaldirektor Heinrich Treichl in den siebziger Jahren ihre internationalen Aktivitäten begonnen und in den achtziger Jahren in der Finanzierung von grenzüberschreitenden Handelsströmen und Direktinvestitionen eine Vorreiterrolle übernommen hatte.

Leider wurde die CA Ende der neunziger Jahre mit dem Verkauf an die Bank Austria ohne jede Not Opfer ehrgeiziger Pläne von Einzelpersonen, die dabei persönlich eine Fortüne gemacht haben. Die Bank Austria wurde in der Folge an eine kranke bayerische Bank verschleudert; gemeinsam sind die beiden Institute dann in Italien gelandet – bei der Unicredit, die auch nicht gerade vor Kraft strotzt. Heute ist die Bank Austria ein Filialbetrieb, der von Mailand aus geführt wird. Die Marke CA, einst die monetäre Visitenkarte des Landes, ist im Laufe dieser Übernahmejahre völlig verschwunden.

Neben der Bank Austria mit ihrer von der CA „erkauften" umfangreichen Osteuropa-Präsenz waren auch andere große, von Wien oder Klagenfurt aus agierende Institute mehr und mehr dem Anreiz erlegen, in den neuen Märkten schnell Marktanteile zu gewinnen, ohne dabei auf die Risiken und die Eigenkapitalbasis zu achten. Weil im Inland zu wenig verdient wurde, mussten die Erfolge im Ausland umso schneller her – dabei hat sich so mancher zu weit aus dem Fenster gelehnt.

Die kumulierte Bilanzsumme der österreichischen Banken ist heute dreimal so groß wie die jährliche Wirtschaftsleistung des Landes. Der Staat hat im Zuge der Finanzkrise einige Institute ganz oder teilweise übernehmen müssen; eine Lösung der gewaltigen Probleme ist frühestens in fünf bis sieben Jahren in Sicht. Es ist zu hoffen, dass die Finanzwirtschaft nun zu ihrer dienenden Rolle zurückfindet und sich nicht mehr im Casino-Kapitalismus verliert, wie er von der Wall Street und der City of London jahrelang vorexerziert wurde. Der De-facto-Wegfall des Bankgeheimnisses verschärft die Notwendigkeit, hochqualitative Bankleistungen für realwirtschaftliche Aufgaben bereitzustellen – gelingt das nicht, hat keine Bank eine Daseinsberechtigung. Steigbügelhalter zu sein für Steueroptimierer zu Lasten ihres Heimatlandes, das war ohnehin kein Geschäftsstrategie, die Zukunft haben konnte.

Die Entkoppelung der Finanzwirtschaft von der Realwirtschaft hat zu einem schwerwiegenden Vertrauensverlust geführt. So wie die Kirche auf den Glauben baut und die Politik auf die Glaubwürdigkeit, so sehr brauchen die Banken aber das Vertrauen. Das gilt es jetzt wieder zurückzugewinnen.

Unbestreitbar ist, dass wir overbanked, overbranched, overstaffed, im Osten overexposed und unterkapitalisiert sind – wir haben zu viele Banken, Filialen und Mitarbeiter, zu hohe Außenstände im Osten und zu wenig Eigenkapital. Leider gibt es von keiner der zuständigen Institutionen in Österreich Visionen und Konzepte, wie und wohin sich der Finanzplatz Österreich unter den geänderten Rahmenbedingungen – und nach Milliarden an Steuergeldern zur Rettung der Banken – entwickeln soll. Ein Beispiel nehmen können sich die Bankeneigentümer und -manager aber an anderen Branchen, etwa an der österreichischen Weinwirtschaft, am Tourismus und an der Industrie, vor allem auch an der Versicherungswirtschaft, allen voran der Vienna Insurance, die in den in den letzten Jahrzehnten ihre Aufgaben erfolgreich gelöst haben. Am Ende sind diese Bereiche der österreichischen Wirtschaft stärker und erfolgreicher dagestanden als davor.

Die Ausrichtung des österreichischen Außenhandels hat in den letzten Jahren tendenziell eine durchaus wünschenswerte Richtung erhalten. Die Chancen in der „nahen Globalisierung", wie Karl Aiginger es genannt hat, wurden bisher gut genutzt. Die „Märkte vor der Haustür" sind erfolgreich bearbeitet worden. Anders ist es in der „weiten Globalisierung" – Österreich hat etwa noch immer relativ wenige Firmen mit Betriebsansiedlungen in China und Indien, aber auch Afrika und Südamerika aufgebaut. Auch in diesem Bereich liegen wir deutlich hinter Schweden und noch deutlicher hinter der Schweiz. Bei uns gehen in die Nahmärkte 84 Prozent der Exporte, bei den Schweden sind es 75 Prozent, in der Schweiz sind es 65 Prozent. Diesen Rückstand sollte man nicht als Defizit begreifen, sondern als Chance und Potenzial.

Weil die Binnennachfrage im nächsten Jahrzehnt nur bescheiden wachsen wird, wird die Bedeutung des Außenhandels weiter steigen; und weil die europäischen Märkte in ähnlicher Weise noch längere Zeit mit Problemen kämpfen werden, wird die Bedeutung der Absatzregionen in Übersee ebenfalls steigen.

Die Voraussetzung dafür ist natürlich, dass wir ausreichend wettbewerbsfähig sind, und dass wir uns auf die kulturellen Herausforderungen etwa in den Ländern Asiens, in China, Indien oder Korea, entsprechend vorbereiten. Auch Indonesien, Brasilien oder Nigeria sind weitere Länder, die man von ihrem großen Potenzial her nicht liegen lassen kann. Wenn das Internationalisierungswunder anhalten soll, müssen wir uns der Welt gegenüber noch weiter öffnen: Tanzen muss man dort, wo die Musik spielt. Dies ist keine Auslagerung von Arbeitsplätzen, sondern Voraussetzung, Arbeitsplätze im eigenen Lande zu erhalten.

Wird und soll diese Entwicklung auch das Bild, das sich die Welt von Österreich macht, verändern? Viel wurde in den letzten Monaten diskutiert über die „Marke Österreich" im Ausland und wie man sie stärken könnte. Die Schweiz feilt etwa schon seit über zehn Jahren mit ihrer Organisation „Präsenz Schweiz" an einem Image für die Welt, das über Alpen, Uhren und Schokolade hinausgeht.

Ob solche Branding-Prozesse funktionieren, ist prinzipiell zu hinterfragen. Ihren Qualitätsruf haben sich die Schweizer hart erarbeitet, das kann man nicht „von oben" aufpfropfen. Dennoch ist eine Weiterentwicklung des Mozartkugel- und Lippizzaner-Images durchaus wünschenswert. Neben den weltweiten Erfolgen in technologischen Nischen werden dabei hochqualitative Lebensmittel sowie die Kultivierung des Essens jedoch ein Fixbestandteil bleiben müssen: Wären wir überall so weit wie in der Weinwirtschaft, dann wären wir mindestens gleichauf mit der Schweiz.

Es liegt nahe, dass für Österreich alte Bilder wie jenes des Brückenbauers in diesem Zusammenhang wieder stärker aufgegriffen werden. Johann Christoph Allmayer-Beck hat 1957 in *Was ist Österreich?* postuliert, Österreich ruhe nicht nur in sich selbst, in seinen „gewachsenen" Ländern, in seiner inneren Vielfalt, sondern darüber hinaus existiere die Idee eines größeren Österreich, durch die es eingegliedert wird in die umfassenderen Lebensbezüge Europas. Geistiges und territoriales Österreich seien somit nicht immer ident.

Diese Eigenschaften könnte uns auch weit über unsere ursprüngliche Einflusssphäre hinaus behilflich sein: Österreich hat bei der Weltausstellung 2010 in Shanghai beispielsweise seitens der chinesischen Führung überproportionale Wahrnehmung bekommen. Das mag damit zusammenhängen, dass wir das riesige Land nie gedemütigt haben, wie andere Länder im 19. Jahrhundert das zweifelsohne getan haben. Die CA gehörte wohl auch deshalb schon in den achtziger Jahren zu den Korrespondenzbanken der Bank of China. Mehr als von Marketingberatern ausgeheckte Konzepte tragen konkrete politische und wirtschaftliche Schritte zur positiven Imagebildung bei.

Unsere Export-Unternehmen haben seit der Ostöffnung und dem EU-Beitritt die Erfolgsstory Österreichs nach dem Zweiten Weltkrieg fortschreiben geholfen. Die Bilanzen in der Exportwirtschaft, in der Landwirtschaft und im Tourismus zeugen von einer gewachsenen Bereitschaft zu unternehmen statt zu unterlassen, sodass Robert Musil einige Teile aus dem großartigen Romanfragment *Der Mann ohne Eigenschaften* heute wohl neu schreiben müsste.

Doch systematisch gefördert wird eine solche Haltung nicht: Es gibt in Österreich viel zu wenig Risikokapital, wie uns auch der *Innovation Union Scoreboard* der EU jährlich zeigt. Wenn junge Menschen eine Firma gründen wollen, haben sie es schwer, einen Kredit zu bekommen, eine Firmengründung gleicht einer Staatsaffäre. Die Gesellschaft muss sich auch in der Behandlung des Scheiterns klar sein, dass es keine Gewinne ohne Risiko gibt. Die Entrepreneure müssen andererseits den Grundsatz befolgen, dass man niemals mehr Risiko nehmen soll, als man sich Verluste leisten kann. Wer einmal gescheitert ist, sollte nicht als jemand gesehen werden, der versagt hat, sondern als jemand, der es zumindest probiert hat. Wenn man sich die mühsamen Anfangsjahre von Red Bull anschaut, versteht man, dass man auch zum Unternehmertum die Fähigkeit zum Bohren harter Bretter haben muss. Vor Rückschlägen, Misserfolgen oder gar Pleiten ist man dabei nicht gefeit.

Nach der großen Aufbruchsphase in den neunziger Jahren des 20. und den Nullerjahren des 21. Jahrhunderts sind in den letzten Jahren die globalisierungskritischen Stimmen lauter geworden. Doch Internationalisierung und Umstrukturierungen waren schon immer Begleiterscheinungen des wirtschaftlichen Wachstums, wir sollten uns nicht vor ihnen fürchten. Die Globalisierung hat in letzter Konsequenz eine ungemeine Steigerung des Wohlstandes in den entwickelten Industrieländern ermöglicht. In diesen lebt ein Durchschnittsbürger heute besser als vor 200 Jahren ein Monarch, wie Eric Hobsbawm aufgezeigt hat, der bedeutende britische Historiker mit Wiener Wurzeln.

Die Bekämpfung der wirtschaftlichen Globalisierung würde bedeuten, die Armen noch ärmer zu machen, worauf nicht nur der US-Ökonom Paul Krugman hingewiesen hat. Was passiert, wenn sich ein Land dem Globalisierungsprozess entzieht, zeigt das Beispiel Nordkorea. Dieses am wenigsten globalisierte Land der Welt ist gleichzeitig auch eines der ärmsten. Dies gilt ebenso für weite Teile Schwarzafrikas.

Transnationale Handelsbeziehungen haben schon vor tausenden von Jahren begonnen, als man zum Beispiel das seltene Zinn aus Afghanistan und dem Iran über Anatolien nach Mesopotamien gebracht hat, um zusammen mit Kupfer daraus Bronze zu machen. Die Bernsteinstraße, die Weihrauchstraße, die verschiedenen Salzstraßen und vor allem die Seidenstraße sind berühmt gewordene Routen dieser frühen Globalisierung, in der nicht nur Tauschgeschäfte erfolgten, sondern natürlich automatisch auch Kulturaustausch erfolgte, der Austausch von Informationen, aber auch von Massenkrankheiten.

Im letzten Drittel des 20. Jahrhunderts hat diese Globalisierung der internationalen Arbeitsteilung, der Interdependenzen, der wechselseitigen Verflechtungen einen unglaublichen Schub erhalten. Durch die revolutionäre Entwicklung in den Kommunikations- und Verkehrstechnologien ist die Welt zunehmend zum „Global Village" geworden. Über alle politischen Grenzen hinweg haben sich die Finanzmärkte, die Gütermärkte, die Dienstleistungs- und Arbeitsmärkte enger verschränkt. Daher erfolgt die Wertschöpfung der Unternehmen vermehrt dort, wo die jeweils besten Bedingungen herrschen. Mit zunehmender Tendenz investieren Unternehmen im globalen Markt dort, wo sie ihre Produkte verkaufen wollen, da damit auf dem lokalen Markt auch die für den Absatz der Produkte notwendige Kaufkraft geschaffen wird. Dadurch kann gerade in den armen Ländern eine soziale und wirtschaftliche Entwicklung stimuliert werden, die es den Menschen auch ermöglicht, in ihrer Heimat zu bleiben. So betrachtet können ausländische Direktinvestitionen auch zu einer Entschärfung des weltweiten Migrationsproblems beitragen.

Dass die Globalisierung keine Einbahnstraße ist, erkennt man, wenn man in die Geschichte zurückblickt: So wie China derzeit die Technologien des Westens nachahmt, war das Reich der Mitte selbst Technologieführer, man denke nur an die Erfindung des Schießpulvers, des Kompasses oder des Papiers vor vielen Jahrhunderten.

Wie stark auch in unserem Alltag inzwischen Regionalität und Globalität miteinander verbunden sind, zeigt das simple Beispiel eines Ausseerhuts: Für dieses Produkt mit einem spezifischen regionalen Touch werden Hasenhaare aus Tschechien oder sogar Australien in Portugal oder Slowenien zu Stumpen gemacht, ehe im Salzkammergut das Produkt entsteht, das im Geschäft verkauft wird.

Die weit verbreitete Skepsis gegenüber der Globalisierung bis hin zur militanten Ablehnung beruht in den meisten Fällen auf der Angst vor dem Ungewissen. Die Geschichte lehrt aber, dass Angst immer ein schlechter Ratgeber gewesen ist. Gerade die Globalisierung und der mit ihr verbundene Übergang von der Industrie- zur Wissensgesellschaft eröffnet eine Reihe von neuen und zukunftsgestaltenden Möglichkeiten.

MEHR EUROPABEWUSSTSEIN, WENI-
GER NATIONALSTOLZ!

Das Bild, das Europa in den letzten Jahren abgegeben hat, war nicht das beste: zu langsam in der Regulierung der außer Rand und Band geratenen Finanzmärkte, zu vielstimmig in der Problemanalyse und -bewältigung, zu weit weg von den Bürgern. Jedem Griechenland-Rettungspaket scheint ein weiteres zu folgen, jede deutsche Einmischung steht in den Südländern sofort unter Nazi-Verdacht, sinnlose EU-Verbote wie jenes von offenem Olivenöl in der Gastronomie ärgern die Europäer. Die Situation ist gefährlich. Die über Jahrzehnte aufgetürmten Staatsschuldenberge werden von den Finanzmärkten seit dem Fall von Lehman Brothers und den darauffolgenden Verwerfungen ungleich kritischer gesehen als davor. Die Sanierung der öffentlichen Haushalte ist unumgänglich. Doch die von vielen Staaten aufgesetzten Austeritätsprogramme ersticken auch gesunde Teile der Wirtschaft, würgen die Konjunktur ab und haben weit reichende soziale Folgen: Hohe Jugendarbeitslosigkeit in den Ländern der Peripherie, allen voran Griechenland und Spanien, erzeugt Hoffnungslosigkeit und birgt in der Folge die Gefahr von Revolten in sich. In vielen Mitgliedstaaten der Europäischen Union punkten neue, politische Bewegungen mit Populismus à la

„Raus aus dem Euro" oder gar „Raus aus der EU". Es geht aber schlecht, eine Geburt rückgängig machen zu wollen.

Vielfach wird in dieser Situation das Fehlen von starken Führungspersönlichkeiten auf europäischer Ebene beklagt. Wir hätten, so die weit verbreitete Meinung, weder für die Position des EU-Kommissionspräsidenten noch für jene des EU-Ratspräsidenten oder des EU-Außenpolitikbeauftragten die allererste Garnitur – und schon gar nicht jene, die für die Lösung der großen anstehenden Probleme geeignet ist.

Um einem Missverständnis vorzubeugen: Die Besetzung dieser Führungspositionen war so gewollt, weil sich die Staats- und Regierungschefs, die darüber entscheiden, vor Persönlichkeiten mit zu starkem Profil gefürchtet haben. Je schwächer die Führungsfiguren in den Nationalstaaten sind, umso schwächer ist in der Konsequenz auch das Brüsseler Personal.

Man muss kein Nostalgiker sein, um festzustellen, dass sich Helmut Kohl, François Mitterrand und Margaret Thatcher nicht gefürchtet haben – sonst hätte Jacques Delors nicht Kommissionspräsident werden können. Als man den EU-Binnenmarkt auf den Weg brachte, war mit Delors ein starker Kommissionspräsident am Werk. Der Binnenmarkt-Beauftragte Lord Arthur Cockfield war ein Thatcher-Vertrauter. Das waren, man kann es nicht anders sagen, andere Kaliber als die von heute.

Wenn bei den Bürgern Europas der Eindruck von Führungsschwäche entsteht, so hat das zuallererst mit dem strukturellen Verhältnis zwischen den Nationalstaaten und dem supranationalen Gebilde EU zu tun. Die nationalen Parlamente agieren vom Europäischen Parlament praktisch abgeschirmt, es gibt keinen ausreichenden Informationsaustausch. Die Länderegoismen sind stärker denn je, in geradezu anachronistischer Weise wird nationalstaatlichen Souveränitätsillusionen gehuldigt. Ist ein Staats- oder Regierungschef eines Landes schwach, wird er versuchen, mit wahltaktisch billigen, populistisch-demagogischen Tiraden antieuropäische Ressentiments zu schüren oder sie zu bedienen. In jedem Fall aber wird er charismatischere, umsetzungsstärkere Politiker auf europäischer Ebene zu verhindern versuchen. Damit beißt sich die Katze in den Schwanz.

Die Fragen, ob als Ausweg aus dieser verfahrenen Situation vermehrt Kompetenzen an die oberste Ebene abgegeben werden sollen, und wenn ja, welche das sein könnten, sind deshalb notwendig und legitim. Dabei sollte man sich vor Augen halten, dass „mehr Europa" nicht automatisch ein funktionsfähigeres Europa bedeutet. Ein Konstrukt, das sich in Richtung „Vereinigte Staaten von Europa" entwickelt, hätte ähnliche Abstimmungsprobleme wie das föderale Österreich: Der Verfassungskonvent auf europäischer Ebene ist ja ebenso gescheitert wie jener auf österreichischer Ebene. In manchen Bereichen gibt es in der EU ganz ohne Zweifel ein Zuviel an Zentralisierung: Ob die Wachauer Marillenmarmelade auch tatsächlich so heißen darf, ob der Anbau seltener Obstsorten verboten werden oder welche Krümmung eine Gurke haben soll, sollte nicht auf Brüsseler Ebene geregelt werden.

Dennoch braucht der europäische Binnenmarkt, den ja auch die Briten – im Sinne einer Freihandelszone – mitgetragen haben, schon aus schierer Logik heraus auch eine gemeinsame Währung. Eine gemeinsame Währung wiederum, das belegt die Historie von Währungsunionen, braucht eine gemeinsame Geldwirtschaft. Und eine gemeinsame Geldwirtschaft braucht eine Regulierungsarchitektur und eine Überwachung dieser Regeln.

Wenn heute das Habsburgerreich manchmal als Vorläufer, ja sogar als Modell für ein multinationales Gebilde hingestellt wird, darf man dennoch nicht vergessen, dass eben das Fehlen eines gemeinsamen Binnenmarkts, einer gemeinsamen Finanzpolitik und einer gemeinsamen Währung eine Ursache für die Fragilität dieses Gebildes war.

Laut Umfragen ist die Mehrzahl der europäischen Bürger derzeit skeptisch gegenüber weiteren vertiefenden Integrationsschritten und vermeintlichem „Kompetenzverlust" der Nationalstaaten. Es gilt noch viel politische Überzeugungsarbeit zu leisten. Doch wie sind die Österreicher, Deutschen, Italiener, Franzosen, Griechen, Dänen usw. für eine Schwächung der Nationalstaaten, mithin für ein stärkeres Europa zu gewinnen? Liegt nicht auch, wenn es um Identitäten geht, immer das Hemd näher als der Rock?

Insbesondere jungen Europäern ist das höchst erfolgreiche Friedensprojekt Europa in der Tat immer schwerer zu vermitteln. Man muss die Geschichte deshalb wieder und wieder erzählen, damit sie nicht in Vergessenheit gerät – das ist im Übrigen auch eine Aufgabe der Bildung und des Unterrichts.

Gerade einmal 100 Jahre ist es her, da begann in Europa eine Art zweiter Dreißigjähriger Krieg. Die beiden Weltkriege, deren erster 1914 begann und deren zweiter 1945 endete, waren in erster Linie europäische Bürgerkriege gewesen – mit unfassbaren Opfern und Zerstörungen. Erst nach den Mangeljahren der Nachkriegszeit ist Europa – wenn auch zunächst nur Westeuropa, auch dank des Marshallplans – wie ein Phönix aus der Asche auferstanden. Dass auf diesem bis 1945 so blutigen Kontinent nun seit bald 70 Jahren Friede herrscht, ist den Pionieren des europäischen Einigungsprozesses mit zu verdanken: Mit der Gründung der Europäischen Gemeinschaft für Kohle und Stahl 1951 hatten die bisherigen Feinde Frankreich und Deutschland die kriegswichtigsten Rohstoffe unter ein gemeinsames Dach gestellt.

Dank des Sicherheitsschirmes der USA, der Ostpolitik von Willy Brandt und des von Helmut Schmidt betriebenen NATO-Doppelbeschlusses konnten der Kalte Krieg, die Teilung des Kontinents, das nukleare Gleichgewicht des Schreckens und schließlich auch die Implosion der Sowjetunion friedlich überstanden werden – mit Ausnahme der Kriege im ehemaligen Jugoslawien. Helmut Kohl und François Mitterrand bewirkten, dass Europa weiter zusammenwächst.

Davon profitiert hat insbesondere auch Österreich, dessen Erste Republik ein polarisiertes und durch tiefe ideologische Gräben gespaltenes Armenhaus gewesen war. Österreichs Beitritt zur EU 1995 sowie die nachfolgende EU-Erweiterung um neue Mitgliedsländer in Ost- und Südosteuropa haben unsere Handelsbeziehungen eindrucksvoll erweitert und unsere wirtschaftlichen Erfolge in diesem Ausmaß überhaupt erst ermöglicht.

Das Volumen der Exporte hat sich seit dem Beitritt 1995 verdreifacht, das Bruttoinlandsprodukt ist per anno durchschnittlich um robuste 2,1 Prozent gewachsen. Mit 2009, dem

Jahr nach dem vollen Ausbruch der Finanz- und Wirtschaftskrise, gab es nur ein Rezessionsjahr. Als kleine, offene, technologisch hoch entwickelte Volkswirtschaft, deren Unternehmen Nischenprodukte für die Welt entwickelt haben, zählen wir zweifelsohne zu den Profiteuren des europäischen Integrationsprozesses. Der Wirtschaftsforscher Ulrich Schuh hat angesichts dieser Tatsache zu Recht von einer Europäisierungs- und Erweiterungs-Dividende gesprochen. Damit ist allerdings – wir haben schon im vorigen Abschnitt über die geglückte Internationalisierung darauf hingewiesen – keine Automatik verbunden. Das Zusammenwachsen Europas ist noch lange nicht abgeschlossen.

Der Euro, die in ihren Anfangsjahren scheinbar so erfolgreiche Währung, war notwendig, um diese Integration voranzutreiben. Er hat die Transaktionskosten minimiert, die Preistransparenz und damit den Wettbewerb verstärkt, aber auch das Reisen in Europa erleichtert: Wer will sich schon noch mit mehreren Brieftaschen und dem Studium von Wechselkursen herumschlagen?

International ist der Euro als Reservewährung neben den Dollar und den Yen getreten. Europa bei einer Freihandelszone zu belassen, wie das Margaret Thatcher wollte und es den Briten heute noch vorschwebt, hätte den Ländern des alten Kontinents im internationalen Wettbewerb nicht jene Stimme verliehen, die sie jetzt haben.

Es ist ein Irrtum zu glauben, dass eine gemeinsame Währung auch durchgängige wirtschaftliche Homogenität voraussetzt, wie jetzt oft zu hören ist. Die einzelnen Bundesstaaten der USA bzw. die übergreifenden Regionen zeigen ein ebenso uneinheitliches wirtschaftliches Leistungsspektrum wie die Eurozone. Niemand wird behaupten, dass Pennsylvania oder Massachusetts oder Illinois dasselbe Level haben wie New Orleans oder New Mexico – dennoch funktioniert der Zusammenhalt. Gar nicht zu reden von den gigantischen Unterschieden im Riesenland China, etwa zwischen der Küste und dem Hinterland, oder zwischen den verschiedenen Teilstaaten des Subkontinents Indien. Es gibt in diesen riesigen Reichen dennoch rechtlich-institutionell durch das Geldwesen eine verbindende Klammer.

Der Konstruktionsfehler bei der Errichtung der Eurozone – von Gerhard Schröder schon 1998 ahnungsvoll als „Frühgeburt" bezeichnet – war das Fehlen von währungs- und fiskalpolitisch handlungsfähigen gemeinsamen Institutionen nach innen und außen. Eine Währungsunion erfordert entweder einen gemeinsamen Staat, so wie in den USA, oder eine Architektur und Aufsicht für das Finanz- und Bankenwesen sowie ein alle Mitgliedsländer bindendes Mindestmaß an koordinierter Finanz- und Wirtschaftspolitik. Dieses Manko wurde durch die Kriterien von Maastricht, mit denen Grenzen für die Staatsverschuldung und das Budgetdefizit festgelegt wurden, nur ungenügend kompensiert. Besonders verhängnisvoll war, dass nicht einmal diese Kriterien eingehalten, sondern, allen voran von den EU-Gründerstaaten Deutschland und Frankreich, im Bedarfsfall einfach ignoriert und beiseitegeschoben worden sind.

Ein hauptamtlicher Präsident der Eurozone, wie von Angela Merkel und François Hollande ins Spiel gebracht, ist sicher ein Schritt in die richtige Richtung. Gelingt auch die Etablierung einer Banken- und einer Fiskalunion, dann bestehen gute Chancen, dass die Eurozone nicht nur ihre Probleme erfolgreich löst, sondern in den nächsten Jahren weitere Mitglieder dazugewinnt. Wenn heute politische Forderungen nach einer Auflösung der Währungsunion kursieren, müsste sowohl Deutschland als auch Österreich völlig klar sein, was das auslösen würde: eine massive Aufwertung unserer Nationalwährungen mit der Folge einer schweren Rezession und gewaltiger Jugendarbeitslosigkeit, ohne dass sich deswegen in Griechenland oder Portugal eine Konjunkturexplosion ereignen würde. Spinnt man den Gedanken fort, hätten wir am Ende womöglich einen Tiroler Taler, einen niederösterreichischen Gulden, eine steirische Krone – und ein atomisiertes, weder politisch noch wirtschaftlich handlungsfähiges Europa.

Die Notwendigkeit, alle europäischen Kräfte zu bündeln, wird mit einem Blick auf die historische, demographische und ökonomische Weltkarte überdeutlich. Europa ist seit dem 19. Jahrhundert mit einem unglaublichen Bedeutungsschwund konfrontiert. Im Jahr 1900 lebten noch 19 Prozent der Weltbevölkerung in den heutigen Ländern der EU, derzeit sind es knapp sieben Prozent, 2050 werden es nur noch vier Prozent sein. Die heutigen sieben Prozent generieren 25 Prozent der Weltwirtschaftsleistung und konsumieren 50 Prozent der Weltsozialausgaben.

Stimmen die Projektionen der Experten, dann sind wir der einzige Kontinent, dessen Bevölkerung bis zur Mitte des

Jahrhunderts geschrumpft sein wird. Die Europäer werden dann mit einem Durchschnittsalter von 50 Jahren auch die älteste Bevölkerung der Welt stellen. Die so genannte Alters-Abhängigkeitsrate – die Über-65-Jährigen im Verhältnis zur erwerbsfähigen Bevölkerung – wird 2050 bereits über 50 Prozent liegen. 2010 waren es 28 Prozent.

Wohl bildet die Europäische Union mit einem Bruttoinlandsprodukt von 16,5 Billionen US-Dollar noch immer den größten Binnenmarkt der Welt. Nach Kaufkraftstärke berechnet ist die Wirtschaftsleistung pro Einwohner neunmal so hoch wie jene der Inder, fast viermal so hoch wie jene der Chinesen und fast dreimal so hoch wie jene der Brasilianer. Auf die Weltbühne, auf der sich große Player wie die USA befinden, treten aber neben China, Indien, Südkorea oder Brasilien laufend neue Player: Russland, Indonesien, die Türkei oder Südafrika, Staaten, die durch ihre schiere Bevölkerungszahl und Demographie großes Zukunftspotenzial haben.

Deshalb müssen sich die Unionsmitglieder, auch die größten, darüber im Klaren sein, dass sie isoliert zu wenig Schlagkraft haben, um auf dieser Bühne eine entscheidende Rolle zu spielen. Die nationale Zersplitterung hat bisher dazu geführt, dass wir, in den Worten von Egon Bahr, zwar ökonomisch ein Riese geworden, aber politisch ein Zwerg und militärisch ein Wurm geblieben sind.

Anders als in Zeiten des Kalten Kriegs, in denen auch der wirtschaftliche Aufstieg Österreichs erfolgte, herrscht heute eine labile polyzentrische Weltordnung. In der Ausgestaltung eines neuen, tragfähigen supranationalen Systems kommt Europa aufgrund seiner jüngsten Geschichte nicht nur eine besondere Legitimation, sondern geradezu eine Verpflichtung zu. Allerdings wird der alte Kontinent im neuen globalen Spiel der Mächte nur dann zu den aktiven Playern zählen und nicht als Spielball gelten, wenn die EU nicht nur die bestehenden wirtschaftlichen Probleme in den Griff bekommt, sondern sich endlich auch zu einer gemeinsamen Außen- und Verteidigungspolitik durchringen kann. Die praktischen Erfolge auf diesem Gebiet sind in letzter Zeit, siehe Syrien-Waffenembargo, wenig ermunternd.

Nicht etwa, dass für Verteidigung in Europa so wenig ausgegeben wird – der Kontinent verfügt noch immer über das zweithöchste Verteidigungsbudget der Welt. Die Handlungsfähigkeit der Amerikaner konnten die Europäer in den letzten 20 Jahren aber darum nie erreichen, weil sie es nicht geschafft haben, an einem Strang zu ziehen.

In der Energieversorgung und bei Rohstoffen, zentralen wirtschaftlichen Zukunftsbereichen, werden die Nachteile der Kleinstaaterei besonders augenscheinlich: Europa ist nicht energieautonom – und für sich allein ist jeder Staat zu schwach, um eine führende Position einzunehmen. Gegenüber den Erdöl exportierenden Ländern des Nahen Ostens oder dem Gas liefernden Russland sind wir damit eindeutig im Nachteil.

Was nach außen gilt, gilt nach innen umso mehr: Im Bildungswesen, einem anderen Schlüsselressort der Zukunft, wurde mit dem Bologna-Prozess zur Schaffung eines einheitlichen europäischen Hochschulraums zwar bereits ein Harmonisierungsversuch unternommen, allerdings nicht mit optimalem Erfolg. Noch immer werden selbst innerhalb einzelner Länder Bildungsabschlüsse von Region zu Region nicht anerkannt: Selbst in Deutschland ist man erst jetzt so weit, dass die einzelnen Bundesländer wechselseitig die jeweiligen Lehramtsprüfungen anerkennen. Und über die nationalstaatlichen Grenzen hinaus ist das ohnehin noch nicht hinreichend der Fall.

Aus all diesen Gründen liegt es auf der Hand, dass sich der Kontinent besser und effizienter organisieren muss. Nationaler Isolationismus ist im Zeitalter des globalen Wettbewerbs das falsche Rezept.

In letzter Zeit kommen immer wieder Stimmen auf, dass die letzten Erweiterungsschritte der Europäischen Union zu schnell vonstattengegangen seien. Mit 1. Mai 2004 sind ja mit Ungarn, Tschechien, Slowenien, der Slowakei, Polen, den drei baltischen Staaten Lettland, Litauen und Estland sowie den Mittelmeerinseln Malta und Zypern gleich zehn neue Mitglieder dazugekommen, drei Jahre später auch Rumänien und Bulgarien. Am 1. Juli 2013 ist Kroatien das nunmehr 28. Mitglied der Union geworden. Am 1. Jänner 2014 wird Lettland das 18. Euro-Mitgliedsland.

Der Einschätzung des zu hohen Tempos kann man entgegenhalten, man hätte sich um die Defizite, die manche dieser Staaten haben, eben mehr kümmern müssen. Wie man wirtschaftlich darniederliegende Regionen zum Vorteil aller wieder zum Blühen bringen kann, haben die Amerikaner nach dem Zweiten Weltkrieg, siehe Marshallplan, erfolgreich in Westeuropa vorexerziert. Dafür ist es noch immer nicht zu spät.

Doch im großen Kontext ist es noch wichtiger, eine klare Vorstellung davon zu entwickeln, wo die Grenzen dieses auch politisch sich immer stärker integrierenden Europa liegen sollen. Gehören etwa die beiden großen Länder Türkei und die Ukraine noch dazu?

Für die Türkei sprechen gewichtige geostrategische und geoökonomische Gründe. Istanbul ist über Jahrtausende eine europäische Stadt gewesen und ist es noch immer. Das Durchschnittsalter beträgt knapp 30 Jahre, rund zehn Jahre unter dem Durchschnitt der EU-28. Auch aus sicherheitspolitischen Gründen gehört das Land zu Europa.

Ungleich schwieriger ist die Situation der Ukraine zu beurteilen. Der ehemalige US-Außenminister Henry Kissinger argumentiert, dass das Land für Russland das ist, was Mexiko für die Vereinigten Staaten ist. Wobei anzumerken ist: Amerikaner stellen nicht die halbe Bevölkerung Mexikos, während die Hälfte der ukrainischen Bevölkerung Russen sind.

Russland wiederum gehört kulturell, wenn man die Literatur oder das Musikschaffen betrachtet, zwar zu Europa. Aber daraus leitet sich nicht logisch ab, dass das ehemalige Zarenreich näher zur EU rücken soll, auch wenn eine engere Zusammenarbeit sicherlich wünschenswert wäre: Bei einem Land, das sich über neun Zeitzonen erstreckt und mit 17 Millionen Quadratkilometern zweimal so groß wie der Kontinent Australien ist, liegt die Gefahr der Überdehnung auf der Hand.

Unter den gegebenen Umständen ist, was die Europafähigkeit der großen Länder am Rande Europas betrifft, deshalb zu differenzieren: die Türkei ja – die Ukraine nein.

Während nach Osten oder Südosten hin noch Erweiterungsschritte möglich sind, ist auf der anderen Seite nicht auszuschließen, dass es im Westen auch aktive Desintegration aus der bestehenden Union geben wird. Der britische Premier David Cameron hat für 2016 ein Referendum über den Verbleib seines Landes in der EU angekündigt.

Es wäre schade, wenn sich das Vereinigte Königreich mit all seinen Erfahrungen, Kenntnissen und Verbindungen aus jahrhundertelanger, weltweiter Tätigkeit isolieren würde. Denn es braucht den Kontinent Europa heute mehr als umgekehrt. Die Zeiten haben sich geändert, umso mehr, als die City of London ihren Anspruch nicht mehr aufrechterhalten kann, das oder jedenfalls ein unbestrittenes Zentrum der weltweiten Finanzwelt zu sein. Zwei Jahrzehnte lang war das unzweifelhaft der Fall gewesen. Weil auch die spezielle Beziehung der Briten zu den USA nicht mehr vergleichbar mit jener in vergangenen Dekaden ist, sind damit die zwei Säulen der britischen Autonomie in Europa, auf die sich Margaret Thatcher noch stützen konnte, deutlich schwächer geworden.

Das Friedensprojekt und ökonomische Erfolgsprojekt Europa braucht, wenn es noch stärker zusammenwachsen will, mehr positive Elemente, auf die ein „Europa-Patriotismus" gründen kann: Institutionen, die zu Symbolen werden, und Symbole, die zu Institutionen werden. Regionale und nationale Vielfalt sind zwar wünschenswert, weil wir keinen Einheitsbrei wollen. Eine europäische Identität ist für das Gelingen des „Großmanövers Europa" dennoch unverzichtbar. Ein einheitlicher europäischer Pass etwa wäre ein guter Anfang, der schnell zu realisieren wäre.

Noch länger wird es bis zum gewählten europäischen Präsidenten dauern, der natürlich ebenfalls ein identitätsstiftendes Symbol mit besonderer Tragweite wäre. Europa müsste dabei einen eigenen Weg finden, denn der imperiale Glanz des Präsidenten im Weißen Haus verstellt den Blick auf die politischen Realitäten in den USA: ein gefährlicher politischer Gridlock zwischen Republikanern und Demokraten. Die US-Verfassung von 1776 ist nicht für die heutigen Verhältnisse geschrieben.

Aber schon allein die Direktwahl eines solchen Präsidenten würde die Auseinandersetzung der Bürger mit Europa – wie es ist und wie es werden soll – befördern. Die Nominierung des EU-Kommissionspräsidenten durch die im EU-Parlament vertretenen Fraktionen, wie sie ab 2014 vorgesehen ist, ist sicher ein Schritt in die richtige Richtung, wie auch Jacques Delors und Gerhard Schröder vor Kurzem in einem Kommentar für die *Herald Tribune* argumentiert haben. Von der Tragweite her müsste das Amt aber noch weiter gehen und als das eines mandatierten Monarchen angelegt sein, der die Autorität hätte, ungefähr so zu agieren wie der italienische Staatspräsident in der jüngst stattgefundenen politischen Krise seines Landes.

Mit dieser stärkeren Legitimierung der EU-Exekutive müssten auch mehr Rechte für das Parlament und eine eigene Europa-Steuer einhergehen, damit ein größerer gemeinsamer EU-Haushalt finanziert werden kann. Derzeit beträgt das EU-Budget rund ein Prozent der Wirtschafts-

leistung – das ist natürlich viel zu wenig, um weitere Politikbereiche besser steuern zu können.

Neben den politischen Institutionen bleibt auch der Euro,
trotz aller bereits beschriebenen Konstruktions- und Bedien-
fehler, ein Symbol für unkompliziertes Reisen und für gemeinsames Wirtschaften in den derzeit 17 Ländern der Eurozone. Für die ab Mitte der Neunziger Geborenen ist er eine
Selbstverständlichkeit, ein sichtbares Band, das viele Länder
des Kontinents verbindet. Wenn es gelingt, die aktuellen Probleme zu überwinden, könnte dieser Rettungsakt sogar zum
Stolz begründenden Element des Europäertums werden.

Und auch wenn in dieser Schrift ausführlich von den Problemen des Wohlfahrtsstaats die Rede war – er ist und bleibt
eine große Errungenschaft Europas. Schweden war darin ein
Vorreiter, Schweden hat ihn auch zuerst am stärksten über-
dehnt. Und Schweden ist ein Modell für ganz Europa, wie
man ihn wieder korrigieren kann. Nicht um die Beseitigung
des Sozialstaats geht es, sondern darum, ihn von der An-
spruchs- und von der Finanzierungsseite her sicherer zu
machen. Um diese Aufgabe werden Italien, Frankreich,
Griechenland, aber auch Österreich nicht umhinkommen.

Über die verbindenden Institutionen und Symbole hinaus
gibt es einen ganzen Schatz kultureller Komponenten des
Zusammenhalts, die über Jahrhunderte gewachsen sind. Die
europäische Kultur hat sich in der Malerei, in der Literatur,
in der Musik, im Theater, in den Wissenschaften, in der Philosophie stets wechselseitig beeinflusst: von Dante bis
Shakespeare, von Molière bis Grass, von Erasmus von Rot-
terdam bis Habermas, von Vivaldi bis Mahler, von Michelan-

gelo bis Baselitz. Wenn Österreich sich heute zu Recht an den internationalen Erfolgen des Regisseurs Michael Haneke erfreut, so bleibt auch immer hinzuzufügen, dass Hanekes Filme europäische Stoffe erzählen und dass die Finanzierung von mehreren europäischen Ländern auf die Beine gestellt worden ist. Nationale Kunst gibt es so nicht mehr.

Natürlich sollte jeder Europäer seine nationale Sprache behalten, so wie jeder seinen Dialekt innerhalb der Nationalstaaten pflegt. Aber daneben brauchen wir ein gemeinsames Verständigungsmittel, und aus vielen Gründen – allein, weil es die größte Einzelsprache ist – sollte das Englisch sein. Denn selbst wenn sich die Briten dafür entscheiden sollten, die Europäische Union zu verlassen: Englisch wird auch in den USA und Kanada, in Neuseeland und Australien gesprochen. Für 340 Millionen Menschen ist es die Muttersprache, für rund eine weitere Milliarde Menschen die Zweitsprache.

Das kleine, höchst erfolgreiche Singapur hat trotz des ökonomischen, politischen und kulturellen Aufstiegs der asiatischen Großmacht China für sich entschieden, dass Mandarin zu kompliziert ist, um zu einer allumfassenden Weltsprache zu werden. In Singapur muss deshalb jeder Einwohner Englisch als Zweitsprache lernen.

Weil sich kleine Kinder mit der Leichtigkeit, mit der sie ihre Muttersprache erlernen, auch eine erste Fremdsprache aneignen, muss das Englischlernen in der Vorschule forciert werden. Und Austauschprogramme wie das bekannte Erasmus-Programm für Studierende sollte es ohnehin für möglichst alle Etappen des Bildungsbogens geben, auch in der Berufsausbildung und im außeruniversitären Bereich.

Mit solchen Maßnahmen kann eine der großen Integrationshürden, die Sprachhürde, allmählich beseitigt werden. Das würde keiner anderen Sprache, ob Französisch oder Deutsch, Italienisch oder Polnisch, Spanisch oder Finnisch, ihre Bedeutung nehmen.

Vor dem Ersten Weltkrieg gab es auch in Österreich bereits eine schmale, materiell abgesicherte und bildungsmäßig gut ausgestattete Schicht, die sich als Weltbürger, als Kosmopoliten verstand. Wenn man damals oft davon sprach, es sollte mehr Weltbürger geben, dann sollte es heute jedenfalls mehr Europabürger geben, unbeschadet ihrer regionalen Identität, ob Kärntner oder Steirer, Altausseer oder Retzer, Bewohner von Wien-Floridsdorf oder der Inneren Stadt.

Regionalstolz verbunden mit Europabewusstsein anstatt Nationalstolz – das könnte eine gute Identitätsformel sein für die fordernden Zeiten, die vor uns liegen. Mehr Europa bedeutet für die Europäer ein Stück Abschied nehmen von Frankreich und von Italien, von Polen und Griechenland, und eben auch von Österreich. Das ist politisch heikel, weil es auch den Abschied von nationalen Sonderrollen bedeutet, in denen man es sich bequem gemacht hat. Aber dieser Abschied von der Bequemlichkeit ist der logische nächste Schritt in einer österreichischen und europäischen Erfolgsstory, die in der Geschichte beispiellos ist.

Der Autor dankt Bernhard Ecker für die gute Zusammenarbeit
im Verlauf dieses Buchprojekts.

Bibliografische Information der Deutschen Nationalbibliothek
Die Deutsche Nationalbibliothek verzeichnet diese Publikation in der
Deutschen Nationalbibliografie; detaillierte bibliografische Daten sind im Internet über
http://dnb.d-nb.de abrufbar.

1. Auflage

Redaktion: Bernhard Ecker
Covergestaltung und Satz: Fuhrer, Wien
Coverfoto: © Peter Rigaud

Schrift: PFDinTextPro-Light & Thin, Romain BP Headline
Papier: Munken Print White

ISBN 978-3-85033-753-3

Christian Brandstätter Verlag
GmbH & Co KG
A-1080 Wien, Wickenburggasse 26
Telefon (+43-1) 512 15 43-0
Telefax (+43-1) 512 15 43-231
E-Mail: info@cbv.at
www.cbv.at

Designed in Austria, printed in the EU